Réinventer le travail

Comprendre les bouleversements actuels

Dans la même collection

les Indispensables

Qui est Daech ? (2015)
Pourquoi les migrants ? (2016)
Le Malaise français (2016)
Quel enseignement pour nos enfants ? (2016)
Pourquoi Trump (2017)
À quoi sert un président ? (2017)
Les médias sont-ils dangereux ? (2017)

Réinventer le travail

Comprendre les bouleversements actuels

Sous la direction d'Éric Fottorino

Le 1|Philippe Rey

FGH Invest – 24, rue Saint-Lazare, 75009 Paris – Fondateurs: Henry Hermand, Éric Fottorino, Laurent Greilsamer et Nathalie Thiriez – **Directeur de la publication:** Éric Fottorino – **Directrice artistique:** Nathalie Thiriez – **Directeur exécutif :** Mahir Guven – **Rédaction:** 01 53 75 25 05 ou www.le1hebdo.fr/contact – **Service abonnement:** 01 84 25 45 20 ou abo@le1hebdo.fr – **Abonnement France métropolitaine:** 9 € par mois, 99 € par an – **Réassort:** à juste Titres, 04 88 15 12 42 – Dépôt légal avril 2014 – ISSN 2272-9690/CPPAP 0521C92307

24, rue Saint-Lazare, 75009 Paris

www.le1hebdo.fr

Introduction

Au moment où le quinquennat d'Emmanuel Macron commence véritablement avec la signature de cinq ordonnances réformant en profondeur le Code du travail, ce nouvel ouvrage des *Indispensables* se propose d'éclairer les mouvements qui œuvrent en profondeur dans la société française – on pourrait dire qui la travaillent ! – et bouleversent l'univers de l'entreprise comme du salariat. Les ordonnances de cet automne 2017 viennent en effet officialiser une évolution de longue main dont on pourrait situer le début aux lois Auroux de 1982, un an après la victoire de la gauche et de François Mitterrand. Depuis lors, de lois des 35 heures (1998 et 2000) en réaménagements successifs du lien entre employeur et employés, le monde du travail n'a cessé de se repenser à l'aune d'un chômage de masse touchant les plus jeunes, les plus de cinquante ans, et toujours les moins qualifiés.

Cet ouvrage n'a pas pour ambition de commenter les nouvelles règles du jeu – il ne s'agit pas d'un jeu – qui vont régir la relation de chacun au travail. À travers le débat sur le revenu universel pendant la campagne présidentielle de 2017, on a vu que, désormais, face à une raréfaction annoncée sinon inéluctable de l'emploi stable et salarié, il serait sans doute pertinent de dissocier le revenu et le travail, autrement dit de garantir à chacun un socle de droits et de moyens pour exister, indépendamment de son activité. Ubérisation, robotisation, explosion de l'intelligence artificielle, concurrence des travailleurs détachés venus de pays européens de l'Est à protection sociale dégradée : les motifs d'inquiétude ne manquent pas, qui troublent la vision sereine et fiable du marché du travail de demain. Le salariat restera-t-il le statut principal, avec le CDI comme contrat le plus enviable ? Ou allons-nous assister à une explosion massive du CDD et des contrats dits de chantier (temporaires et correspondant aux besoins ponctuels de certains secteurs, en particulier l'informatique) ? Le statut d'autoentrepreneurs, désormais baptisés micro-entrepreneurs, va-t-il essaimer, donnant à la France un petit air de Californie : un espace où chacun invente plus ou moins son propre job, à l'écart des règles figées du monde syndical et des droits acquis tenus pour sclérosants par le nouveau pouvoir macronien ? Quelle société voulons-nous ? Face à la flexibilité rendue nécessaire par un engorgement du marché du travail, quelles sécurités viendront en soutien des plus fragiles, par la formation professionnelle continue notamment ? Une société dite « en marche » ne peut se permettre de laisser une partie des siens en marge. C'est un des enjeux majeurs des réformes en cours : stimuler sans exclure. En butinant parmi ces textes d'écrivains, de juristes, d'économistes, de sociologues, de chefs d'entreprises et de syndicalistes, se dessine par touches précises notre monde en construction. Avec l'espoir qu'il sera vivable.

Éric Fottorino

Lettre à mes petits-enfants

John Maynard Keynes, économiste

Quel niveau de vie pouvons-nous espérer atteindre dans cent ans ? Quelles sont les perspectives économiques pour nos petits-enfants ? Disons que nous sommes peut-être à la veille de transformations et de progrès aussi durables dans le secteur de la production alimentaire que ceux auxquels nous avons déjà assisté dans l'exploitation du sous-sol, la fabrication d'objets manufacturés et la multiplication des moyens de transport. Dans très peu d'années – j'entends au cours de notre propre existence – il nous sera sans doute possible d'accomplir tous les actes que demandent l'agriculture, l'extraction des mines et la fabrication des objets en ne fournissant que le quart des efforts auxquels nous sommes habitués.

L'extrême rapidité de ces bouleversements nous blesse. Nous sommes atteints d'un nouveau mal : le chômage technologique. Cette expression désigne le chômage causé par la découverte de nouvelles techniques qui suppriment de la main-d'œuvre alors que la découverte de nouveaux emplois s'avère un peu plus lente. Mais il n'y a là qu'un état temporaire de réadaptation. Tout cela signifie, en fin de compte, que l'humanité est en train de résoudre le problème économique.

Supposons que d'ici cent ans nous soyons tous en moyenne huit fois plus riches économiquement que nous ne le sommes aujourd'hui. Les besoins des êtres humains peuvent paraître insatiables. Mais ils peuvent être rangés selon deux catégories : les besoins absolus, en ce sens que nous les éprouvons quelle que soit la situation de nos semblables ; les besoins relatifs – nous ne les éprouvons que si leur satisfaction nous procure une sensation de supériorité vis-à-vis de nos semblables. Les besoins qui satisfont notre désir de supériorité peuvent de fait être insatiables, car plus le niveau s'élève, plus ils grandissent. Mais ce n'est pas vrai pour les besoins absolus – et on atteindra peut-être bientôt le point où ces besoins seront si bien satisfaits que nous préférerons consacrer nos énergies à des buts autres que des buts économiques.

Et voici donc ma conclusion, que vous trouverez de plus en plus stupéfiante, à mesure que vous y réfléchirez : le problème économique peut être résolu d'ici cent ans en admettant qu'il n'y ait pas de grande guerre ou un accroissement considérable de population d'ici là. Cela signifie que le problème économique n'est pas le problème éternel de l'humanité.

Qu'y a-t-il là de stupéfiant ? Mais ceci : que la lutte pour sa subsistance a toujours été le problème le plus absorbant de la race humaine. La nature nous a expressément façonnés de telle sorte que nos impulsions et nos instincts les plus profonds se trouvent tournés vers la solution des problèmes économiques. Le problème économique résolu, l'humanité sera dépourvue de son but traditionnel. Je songe avec terreur au réajustement de ses habitudes que devra effectuer l'homme moyen, alors qu'il lui faudra se débarrasser en quelques décennies de ce qui lui fut inculqué au cours des générations. Pour employer une expression d'aujourd'hui, ne faut-il pas s'attendre à une dépression nerveuse collective ?

Pour la première fois depuis ses origines, l'homme se trouvera face à face avec son véritable, son éternel problème – quel usage faire de sa liberté, comment occuper les loisirs que la science et les intérêts composés lui auront assurés, comment vivre sagement et agréablement, vivre bien ?

Ce sont les hommes d'affaires, absorbés par leur tâche, actifs et aptes à faire de l'argent, qui nous entraîneront tous vers la terre promise de l'abondance. Mais ce seront les gens qui peuvent cultiver l'art de vivre pour lui-même, qui ne se vendent pas pour exister, qui seront à même de jouir de cette abondance.

Il n'y a pas de pays et pas de peuple, à mon avis, qui puisse envisager un âge de loisirs sans appréhension. Car nous avons été trop longtemps habitués à peiner et à lutter, non à jouir. C'est un problème terrifiant pour quelqu'un sans talent particulier que de s'occuper, surtout lorsqu'il n'a plus de racines avec la terre, de liens qui l'attachent aux coutumes et aux conventions chères à une société qui vit de traditions. À en juger par les occupations des classes riches aujourd'hui, la perspective est fort déprimante. La plupart, libérés de toute tâche et de toute attache, ont échoué lamentablement à résoudre ce problème.

Mais j'ai la conviction qu'ayant acquis un peu plus d'expérience, nous ferons un usage tout différent des libéralités toutes neuves de la nature. Pendant des années, le vieil Adam laissera en nous de telles empreintes que tout le monde aura besoin de travailler pour être satisfait. Nous ferons davantage nous-mêmes que ne font les riches d'aujourd'hui, trop heureux de conserver de légers devoirs, de nous conformer à de petites tâches et de vieilles routines. Mais nous nous efforcerons aussi de mettre sur nos tartines plus de beurre – de partager le peu de travail qu'il restera à faire entre autant de personnes qu'il est possible. Trois heures par jour et une semaine de quinze heures constitueront une transition utile pour commencer. Car trois heures de travail par jour suffiront encore amplement à satisfaire en nous le vieil Adam.

Le mobile de l'argent sera estimé à sa juste valeur. On verra dans l'amour de l'argent – non pour les joies et les distractions qu'il vous procure mais pour lui-même – un penchant plutôt morbide, une de ces inclinations plus ou moins criminelles, plus ou moins pathologiques, que l'on remet, non sans un frisson, entre les mains du psychiatre.

Extraits des Essais de persuasion, *1931* © *Éditions Gallimard, 1933, traduit de l'anglais par Herbert Jacoby. Texte revu et adapté.*

1931/15 octobre 2014

Travailloter

Robert Solé, écrivain et journaliste

Méfions-nous du verbe travailler : il ne signifie pas forcément exercer une activité professionnelle ou accomplir un effort dans un but précis. Venant du latin *tripaliare* (« torturer »), ce mot ambigu porte l'idée de préoccupation et de tourment. On peut dire, par exemple, que le chômage nous travaille.

Baudelaire, qui n'était ni éboueur ni mineur de fond, pouvait proclamer : « Travailler est moins ennuyeux que s'amuser. » Tout aussi catégorique, Matisse affirmait, pinceau à la main : « Le travail guérit de tout. » Peut-être. Encore faut-il en avoir.

Un autre privilégié, Alphonse Daudet, en cure thermale à Néris-les-Bains, écrivait en août 1882 à Edmond de Goncourt : « J'ai travailloté, causé avec des rhumatisants et des névropathes, cerveaux affaiblis se mettant à dix pour chercher le mot qui manque… » Impatient de reprendre l'écriture d'un livre en chantier, l'auteur des *Lettres de mon moulin* était sûr de retrouver son établi et d'être publié.

Le verbe travailloter, apparu dans les années 1860, traduisait alors une certaine nonchalance, une manière de s'activer à moitié, sans trop se fatiguer. Rien à voir avec les demi-chômeurs d'aujourd'hui, privés d'un véritable emploi. Désormais, même un bon diplôme ne garantit plus rien. C'est l'époque des contrats à durée déterminée, des petits boulots, des jobs à temps partiel, des salariés au rabais, des stagiaires non payés, des intermittents, des intérimaires… Les travailloteurs de 2014 sont trop à sec pour aller prendre les eaux à Néris ou à Vichy, mais ils ont souvent l'impression de se noyer.

15 octobre 2014

L'idéal serait de travailler 5 à 6 heures par jour, 5 jours par semaine

Jeremy Rifkin, économiste

Dans votre dernier ouvrage, vous poursuivez votre réflexion sur ce que vous appeliez en 1995 la « fin du travail » en annonçant une troisième révolution industrielle. De quoi s'agit-il ?

La troisième révolution industrielle correspond à la disparition progressive du capitalisme au profit d'un nouveau système économique, fondé sur le partage et les communautés collaboratives. Cette transition, qui se déroule aujourd'hui sous nos yeux, est la conséquence du développement des nouvelles technologies, et notamment de l'imprimante 3D, qui permet de réduire considérablement le coût marginal, c'est-à-dire le coût de production d'une unité supplémentaire. Grâce à l'« Internet des objets », l'humanité entière sera bientôt connectée. Sous réserve que la protection des données personnelles et le principe de neutralité du Web soient garantis, chacun pourra, sur son Smartphone, tirer profit des Big Data [les données numériques à la croissance exponentielle] et devenir un véritable prosumer, mi-producteur, mi-consommateur.

Quand cette transition aura-t-elle lieu ?

Elle a déjà débuté, au grand dam des industries. La télévision a été durement frappée par l'arrivée de YouTube, le monde de l'édition et de la presse ne peuvent plus rivaliser avec Internet. Depuis des années, des centaines de millions de jeunes produisent et partagent leurs propres musiques et vidéos, libres de droits et à un coût marginal proche de zéro. Et maintenant les MOOCs : depuis 2012, six millions d'élèves ont reçu des crédits universitaires en suivant gratuitement des cours en ligne pendant que d'autres payaient des milliers de dollars pour avoir accès aux mêmes enseignements. Il est urgent de prendre le train en marche, notamment en France où la croissance du PIB ralentit, l'écart entre les salaires se creuse et le chômage des jeunes s'aggrave.

Cette révolution est-elle déjà en marche dans certains pays ?

L'Allemagne, le Danemark et la Chine ont saisi avant tout le monde les enjeux de ce changement majeur. En France, le Nord-Pas-de-Calais a pris de l'avance sur le reste du pays. Un certain nombre d'industriels se préparent à cette transition, sans pour autant complètement quitter la logique de la seconde révolution industrielle. Bouygues, par exemple, a créé le premier bâtiment à énergie positive [c'est-à-dire qui produit plus d'énergie qu'il n'en consomme] au monde. La région adapte ses bâtiments pour accueillir ce changement, mais le mouvement doit s'étendre au niveau national.

La France a-t-elle les moyens aujourd'hui d'enclencher cette transition ?

Le gouvernement affirme qu'il n'a pas le budget nécessaire pour suivre, mais c'est faux. Chaque année, l'Europe investit 780 milliards d'euros dans des infrastructures qui vont devenir obsolètes. Avec seulement 15 % de ce budget, l'Internet des objets pourrait être opérationnel d'ici 2040. De plus, la France détient certaines des meilleures industries spécialistes de l'électronique, des technologies de l'information et de la communication, toutes capables de prendre part à ce grand changement. Le pays a besoin d'air frais au niveau de son gouvernement. Il doit dépasser le clivage des partis politiques et prendre exemple sur l'Allemagne où les socialistes, les écologistes et les chrétiens-démocrates se sont alliés pour favoriser cette transition.

Quelle sera la conséquence de cette révolution sur le travail ? Devons-nous nous attendre à une augmentation du chômage ?

À court terme, la troisième révolution industrielle n'augmentera pas la courbe du chômage, bien au contraire. Elle va offrir un vrai sursis au salariat de masse comme nous le connaissons aujourd'hui. Des millions d'emplois vont être assurés pour les trente années à venir. C'est le temps nécessaire à la France pour mettre en place la plateforme de l'Internet des objets et passer d'une infrastructure énergétique basée sur le nucléaire et les combustibles fossiles aux énergies renouvelables. Le pays va devoir réviser tout son réseau électrique, vieux de soixante ans, mécanique et obsolète, et passer à un « Internet de l'énergie », totalement numérique.

Qui va alors assurer de manière concrète cette transition ?

Des ingénieurs, des architectes, des ouvriers… Il n'y a aucun secteur qui ne soit susceptible de participer à cette transition, mis à part l'industrie pétrolière pour laquelle je ne vois pas d'avenir. Des millions de travailleurs vont être mis à contribution. Car il faudra adapter chaque bâtiment, chaque infrastructure, en installant des câbles souterrains ou encore des capteurs sur les smart roads [routes intelligentes].

Évidemment, cela ne durera pas. Comme leur nom l'indique, les smart cities sont intelligentes et le but est qu'elles fonctionnent de manière autonome grâce à des algorithmes et un personnel très restreint. Si ma théorie est juste, et je serais très étonné qu'elle ne le soit pas, le marché sera rapidement automatisé. À ce moment-là, le travail comme nous le connaissons aujourd'hui devra se réinventer.

N'est-ce pas inquiétant pour l'avenir des travailleurs ?

En 1930, Keynes a écrit un bref essai adressé à ses petits-enfants, dans lequel il parle de l'angoisse des travailleurs de voir leurs emplois engloutis par la technologie. Selon lui, il n'y avait aucune raison d'avoir peur. Au contraire : la technologie allait libérer les travailleurs. J'espère que dans trente ans nos petits-enfants à nous regarderont le XXe siècle avec répulsion, se souvenant de leurs grands-parents comme de petites machines droguées à la caféine.

Une fois cette transition accomplie, allons-nous arrêter de travailler ?

Mes collègues économistes pensent qu'il existe uniquement deux manières de diriger une économie : le marché traditionnel capitaliste et l'économie sociale de marché. Il y en a pourtant une troisième, totalement ignorée malgré son importance considérable, qui est l'économie sociale et solidaire.

Elle représente des millions d'organisations, de coopératives et d'institutions de toutes sortes, ainsi que des milliards d'individus qui produisent et partagent gratuitement tous types d'objets et de services. Ces organisations créent du capital social, qui bénéficie à un groupe dans son ensemble plutôt qu'à un individu en particulier. C'est quelque chose que les machines sont incapables de générer. Ce secteur grouille d'activité et voit de plus en plus de personnes s'impliquer dans des domaines aussi variés que la santé, l'éducation, la culture ou l'environnement. Un milliard et demi d'individus appartiennent déjà à des coopératives. Certains s'engagent comme bénévoles, d'autres comme travailleurs. Si demain l'économie sociale venait à disparaître, c'est toute la société qui s'effondrerait. Au niveau des créations d'emplois, il s'agit du secteur à la croissance la plus rapide dans plus de quarante pays : il représente jusqu'à 14 % de l'emploi dans certaines régions de l'Europe.

La France est-elle ouverte à cette économie sociale ?

En France, le secteur à but non lucratif ne cesse de croître et représente aujourd'hui entre 10 % et 13 % de l'emploi. Beaucoup de jeunes diplômés veulent désormais devenir des entrepreneurs sociaux et créer des entreprises hybrides, à mi-chemin entre deux logiques : la rentabilité à tout prix et une philosophie à but non lucratif. La réputation et la production de capital social deviennent une préoccupation importante. On y voit une démarche qui traduit la volonté d'améliorer la qualité de vie de chacun grâce à une économie du partage.

Keynes défendait une semaine de travail de 15 heures. Pensez-vous qu'il faille réduire le temps de travail ?

Il ne faut le faire que lorsque la productivité augmente, comme c'est le cas maintenant. Le Danemark a adopté la semaine des 33 heures. En moyenne, nous avons tous un pic d'activité de 3 à 4 heures par jour. Le reste de la journée passé à travailler est une perte de temps. L'idéal serait de travailler 5 à 6 heures par jour, 5 jours par semaine.

N'est-ce pas là une vision un peu utopique ?

Il est évident que le passage du système capitaliste à l'ère collaborative ne se fera pas sans heurts. Il y aura des conflits, l'homme n'est pas parfait. Mais nous n'avons pas le choix. Je crois que l'économie du partage est notre dernière chance de lutter contre le réchauffement climatique, s'il n'est pas déjà trop tard. Produire à un coût marginal zéro signifie faire usage de très peu de ressources et, par conséquent, réduire drastiquement notre empreinte écologique. Partager, redistribuer, produire de l'énergie localement et sans carbone, produire en fonction de ses besoins à partir de matériaux recyclés grâce à l'imprimante 3D…, autant d'initiatives qui réduiront la pression que nous exerçons sur la planète. Nous n'avons pas d'autre choix. J'ai eu l'occasion de parler avec de nombreux dirigeants ces dernières années et je peux vous assurer qu'ils n'ont pas de plan B.

15 octobre 2014

Propos recueillis par Éric Fottorino et Manon Paulic

À quoi ressemblera le travail de demain ?

Anne-Sophie Novel, journaliste

Le coworking sera développé partout en France. En moins de cinq ans, pas moins de deux mille espaces partagés ont vu le jour dans notre pays. Si cette progression se poursuit, ces « tiers-lieux » seront légion et permettront de redynamiser l'économie locale tout en fournissant aux entreprises des solutions nouvelles de gestion du travail à distance de leurs collaborateurs. Les entreprises cultiveront la création d'espaces de coworking au sein même de leurs organisations afin de stimuler en interne des sources alternatives d'innovation.

Des fab labs seront implantés dans les organisations pour stimuler la créativité et le prototypage de projet. Avantage : ces espaces permettent de tester une idée sans les contraintes financières et administratives liées aux démarches traditionnelles de conception.

Le troc de compétences et la formation entre pairs vont se répandre dans les organisations. À l'image des réseaux d'échanges réciproques de savoirs (Rers), ces formes de collaboration facilitent la rencontre des salariés et le travail de groupe. L'autonomie de l'apprentissage ira aussi de pair avec le développement de plates-formes ouvertes de cours en ligne (MOOCs) et d'échanges comme LearnAssembly, où les participants viennent se former avec des professionnels en exercice sur des sujets innovants.

Les collaborateurs pourront facilement promouvoir des réseaux d'échanges de biens et de services utiles à leur quotidien : partage de voiture ou de trajet, organisation de gardes d'enfants ou d'animaux, mise en place de livraisons de paniers de produits locaux, partage de cours de cuisine ou de matériel de bricolage, organisation de vide-dressings (brocantes de vêtements d'occasion), d'échanges de jouets ou d'offres d'hébergement pour les vacances… C'est déjà ce que propose la plate-forme française de consommation collaborative Troovon, dédiée aux échanges entre collaborateurs d'une même entreprise ou d'entreprises différentes implantées dans une même localité.

La fin du paternalisme va également s'incarner dans la fonte de l'organigramme pyramidal, lentement remplacé par des pôles quasiment « autorégulés » où chaque collaborateur, sorti de sa fonction de pur exécutant, prend des initiatives. Par conséquent, le rôle des managers évolue vers un rôle de facilitateur, où l'écoute et le conseil doivent être privilégiés par rapport aux méthodes d'encadrement classique.

Les diplômes ne seront plus le seul sésame pour se faire embaucher. L'accumulation d'expériences pertinentes et de compétences techniques utiles aura plus de valeur, car elle se révélera plus adaptée aux nécessités des emplois de demain.

Avant d'être embauchés, les futurs collaborateurs effectueront des périodes d'essai rémunérées sur de courtes durées en étant libres de gérer comme ils le souhaitent leur emploi du temps. Un entretien viendra ensuite valider ou non l'embauche. C'est déjà l'usage chez Automattic, la start-up américaine d'édition de logiciels qui développe et distribue le moteur de blog WordPress.

La contrainte des horaires de travail sera de moins en moins pertinente : les équipes seront managées en fonction d'objectifs de résultats et les salariés pourront gérer leur temps de travail comme ils l'entendent. Les réunions seront limitées au strict minimum, le reste des échanges passant par des messageries instantanées et des logiciels favorisant des modes de travail agiles.

Le temps de travail sera revu à la baisse, le travail des robots et la puissance des logiciels permettant de réduire le recours au travail humain, si bien qu'il sera nécessaire de revoir la notion d'activité, d'emploi, et d'étudier la possibilité d'une allocation universelle de revenu pour doter chacun d'un moyen de subsistance et lui offrir la possibilité de développer en parallèle des activités non rémunérées…

15 octobre 2014

Inventer des scénarios alternatifs

Jean Gadrey, économiste

Les thèses futuristes de Jeremy Rifkin sur l'avenir du travail ont le mérite de « provoquer »... des réflexions. Celles qui suivent s'écartent des perspectives de cet auteur. Le point le plus discutable est le suivant. Pour Rifkin, les coûts (et le travail nécessaire) de production de la majorité des biens industriels et agricoles, mais aussi de nombreux services, sont appelés à décroître inexorablement en raison de fantastiques gains de productivité. Ces derniers seraient liés à de nouvelles technologies « intelligentes », bénéficiant elles-mêmes d'énergies (renouvelables) devenant « pratiquement gratuites ». Cette dernière hypothèse conditionne tout le raisonnement sur la multiplication de machines et de robots intelligents prenant la place de l'essentiel du travail humain.

Tout porte à croire au contraire que les énergies renouvelables vont certes devenir à terme moins coûteuses que les énergies fossiles et le nucléaire, mais que l'énergie restera chère parce que sa production exige dans tous les cas des matériaux, des minerais, des terres rares et d'autres composants disponibles en quantité limitée et déclinante.

Mais, si l'hypothèse du « coût marginal zéro » (le coût marginal de production est celui de la dernière unité produite) ne tient pas dans la plupart des secteurs, c'est tout le modèle économique de Rikfin qui s'effondre, et avec lui ses prédictions sur la décrue du travail et de l'emploi.

Il existe des scénarios alternatifs. Pour les concevoir, il ne faut pas compter sur des miracles technologiques incertains, mais partir des besoins d'une société s'inscrivant dans la durée.

Voici un fil directeur : les économies du futur seront non plus des économies de production et de consommation croissantes de quantités, mais d'abord des économies et des sociétés du « prendre soin ». Prendre soin des personnes, de leur santé, éducation, culture, bien-être. Prendre soin du lien social, de la solidarité à toutes les échelles, du local au global, et de l'accès à des droits universels liés à des biens communs. Prendre soin des choses et des objets, pour les faire durer, les utiliser, les concevoir et les produire à cet effet. Prendre soin de la nature et des biens communs naturels afin de rester dans les limites des écosystèmes.

Prenons l'exemple de l'agriculture, vouée selon Rifkin à connaître des gains de productivité aussi importants que ceux du passé. De plus en plus de spécialistes estiment pourtant que la généralisation progressive de l'agroécologie, synonyme de montée en qualité et en durabilité, serait créatrice d'emplois, contre les gains de productivité, et qu'elle permettrait de nourrir sainement l'humanité plus sûrement que les solutions industrielles.

Cet exemple est loin d'être isolé. Des scénarios « emploi et transition » existent désormais dans de nombreux secteurs. Aucun ne repose sur la vision technocentrée de Jeremy Rifkin, et encore moins sur l'idée d'un coût marginal nul à terme. Une économie du prendre soin exigerait probablement non pas moins mais plus de travail humain, du travail ayant plus de sens parce qu'il viserait la qualité et la soutenabilité, et non la quantité.

Il s'agirait en fait non pas d'une simple extension du domaine du travail, mais bel et bien d'une réinvention (de ses qualités, de son statut, de ses finalités, et même de sa durée au cours de la vie). Le travail du « care », ici étendu à bien d'autres domaines que le soin et l'attention aux personnes, débarrassé de l'obsession des gains de productivité, appuyé sur des innovations techniques ou sociales visant non pas à le supprimer, mais à améliorer son adéquation fine à des besoins singuliers, exigerait de nouvelles coopérations et la reconnaissance d'autres compétences. On peut penser à une réinvention de « métiers », assortie d'une sécurisation de parcours professionnels pouvant emprunter les voies du salariat, de l'indépendance coopérative (cas des réseaux des AMAP [Associations pour le maintien d'une agriculture paysanne]), de l'intermittence, du bénévolat, etc.

Le capitalisme est-il en mesure d'assumer cette réinvention ? Rifkin n'a pas tort d'émettre des doutes.

15 octobre 2014

« Nous devons réfléchir à un système plus redistributif »

Pierre Cahuc, économiste

Les CDI règnent très largement sur le marché du travail et pourtant les CDD semblent former un univers en expansion permanente. Pouvez-vous confirmer cette photographie et expliquer ce paradoxe ?

La situation française est bien celle-là : d'un côté, les CDI, qui représentent 85 % du salariat et dont le volume est stable ; de l'autre, une explosion des contrats courts. Le phénomène date du début des années 2000. Les CDD très courts occupent une part de plus en plus importante dans certains secteurs d'activité comme la restauration, le tourisme, l'enseignement, l'audiovisuel, le déménagement, etc. L'opinion ignore souvent que les CDD peuvent y être légalement renouvelés sans contrainte et qu'un nombre important de salariés signent des contrats de moins d'un mois et souvent de moins d'une semaine. Ils ne cessent de travailler, de s'interrompre et de reprendre leur activité, la plupart du temps au sein de la même entreprise. Il s'agit d'une caractéristique très française, quasi institutionnelle, qui est en grande partie liée au système d'assurance chômage.

Environ 800 000 personnes vivent sous le régime dit de l'activité réduite sans limite : elles perçoivent une indemnité chômage à condition de travailler moins de 110 heures par mois. Dans ce cas, elles gardent 30 % de leurs gains salariaux en plus de leur indemnité et prolongent leurs droits à l'assurance chômage. Voilà la raison principale de cette singularité française du CDD.

Peut-on dire que le monde des CDI est un océan tranquille et celui des CDD un océan agité ?

Le monde des CDD est incontestablement le plus mouvementé. Vous avez là un turn-over énorme. Le flux d'entrées sur le marché du travail, hors intérim, est de 20 millions par an. Sur ces 20 millions, 90 % sont des CDD et 80 % d'entre eux signent des contrats de moins d'un mois. C'est un phénomène de grande ampleur qui a doublé en une décennie.

Sur le fond, le système est mal conçu. Les sociétés intérimaires, le secteur des contrats d'usage, avec l'exemple extrême des intermittents du spectacle, comptent sur l'indemnisation chômage pour payer *de facto* une partie de la rémunération du salarié. Certaines de ces entreprises versent en revanche des cotisations plus élevées à l'assurance chômage – jusqu'à 15,8 % au lieu de 4 % pour les entreprises qui emploient des intermittents du spectacle – sans pour autant éviter que le phénomène des CDD creuse le déficit de l'assurance chômage. Le régime des CDI est, lui, excédentaire.

Ces sujets très techniques, peu médiatisés, sont assez mal maîtrisés par les hommes politiques. Pour en sortir, il faudrait que le système d'assurance chômage repose sur un bonus-malus qui empêche ces sociétés, grosses ou petites, d'externaliser le coût de la main-d'œuvre sur l'assurance chômage. Ce n'est pas le cas. L'une des principales raisons, c'est que l'intérim profite beaucoup à l'industrie automobile par exemple, grosse consommatrice de contrats courts. Et en France, l'automobile est une vache sacrée.

Comment se positionnent les syndicats sur cette question de la précarité ?

Les syndicats sont arc-boutés sur la défense des CDI. C'est leur priorité. Certes, ils sont sensibles au thème de la précarité mais leur obsession, c'est d'éviter toute modification, même à la marge, du statut des CDI. Globalement, la protection de l'emploi améliore le bien-être des travailleurs protégés, mais dégrade celui des autres. Elle contribue à creuser les inégalités.

Ce monde des CDD constitue-t-il une trappe, un piège dont on ne sort pas, ou bien un tremplin ?

Nous sommes entre les deux ! C'est un tremplin, mais la barre est très haute. La probabilité d'accéder à un CDI quand on a un CDD est faible à court terme. C'est un processus lent, compliqué que de trouver un emploi stable. Il faut faire 4, 5 ou 6 CDD selon les données dont on dispose. Une période où l'accès au crédit bancaire et au logement est particulièrement difficile. D'où la réalité de la précarité.

S'il n'y a pas plus de CDI, c'est que les modalités de rupture de ces contrats sont très lourdes, que ce soit pour motif personnel ou économique. La preuve en est que les entreprises préfèrent payer des primes de précarité de 10 % plutôt que d'embaucher en CDI. D'une manière générale, un licenciement est toujours coûteux en raison de l'encadrement juridique qu'il suppose.

Allons-nous revenir au travail non salarié qui dominait jusqu'à la fin du XIXe siècle ?

Non, le contrat de travail, et surtout le CDI, reste la forme de contrat majoritaire. La rotation très rapide des missions concerne une très petite partie de la population, assez stable, depuis une dizaine d'années. Sur 21 millions de salariés, on dénombre 3,2 millions de personnes en CDD, soit 13 à 14 % des actifs hors intérim. Il n'existe pas de tendance forte à la baisse des CDI.

Pour le moment. Mais demain ?

En France se développe le statut d'autoentrepreneur. L'Allemagne crée des emplois à statut précaire. La question se pose : doit-on chercher dans cette direction pour faire baisser le chômage ? Comment accompagner ces personnes en précarité ? Nous devons réfléchir à un système plus redistributif. Un responsable comme Pascal Lamy, ancien directeur général de l'Organisation mondiale du commerce, estime que, pour faciliter l'entrée sur le marché du travail, mieux vaut abaisser le niveau de protection. Cela permet de mieux cibler les poches de pauvreté car on peut alors verser des revenus additionnels liés à la situation familiale. S'il est bien géré, ce système assoupli est plus efficace que celui du salaire minimum élevé.

Dans l'un de vos livres, Les Ennemis de l'emploi, *vous notez que les entreprises gèrent leurs mouvements de personnel en jouant sur les contrats à durée déterminée.*

Lorsqu'une personne arrive au terme d'un CDD de dix-huit mois, l'entreprise a souvent envie de la garder davantage. Mais elle s'en débarrasse en estimant que ce sera trop compliqué. Et elle prend quelqu'un d'autre. On observe un énorme pic de sorties au bout de dix-huit mois d'ancienneté. Cela tient aux pesanteurs de la réglementation et à la réduction de l'activité économique.

Dans un rapport de 2004 rédigé avec l'économiste Francis Kramarz, vous préconisiez d'unifier le contrat de travail et de mieux accompagner le parcours des chômeurs. Pouvez-vous préciser votre approche ?

L'idée est de limiter les différences de statut entre CDD et CDI. Dans un monde idéal, les entreprises pourraient rompre le contrat de travail en CDI à leur propre initiative. En contrepartie, elles paieraient une contribution pour financer l'accompagnement des personnes licenciées. Mais l'environnement juridique ne le permet pas : en France, une entreprise doit justifier tout licenciement avec une cause réelle sérieuse. La jurisprudence, complexe, est source d'incertitude : on peut licencier pour « sauvegarder » sa compétitivité, pas pour l'« améliorer », un distinguo trop subtil en pratique. Cette incertitude est préjudiciable aux entreprises comme aux salariés.

La précarité est-elle la manifestation de ce que vous appeliez en 2007 la société de défiance ?

C'est l'une de ces manifestations. La situation est bloquée car nous vivons dans une société très corporatiste. Voyez la façon dont fonctionne le paritarisme français. Les groupes qui bénéficient d'avantages acquis les défendent bec et ongles, dans une transparence limitée. Il est difficile de mettre en place des négociations fondées sur une confiance mutuelle qui favoriserait un système plus sécurisant, un marché du travail plus fluide. Prenez le contrat unique. Les employeurs le refusent. À les écouter, ils vont se retrouver avec tous les inconvénients du CDI plus une taxe à payer. Du côté des syndicats, le refus d'aller de l'avant tient à leur méfiance envers les employeurs qui, selon eux, vont abuser de leurs prérogatives pour rompre le contrat de travail. Cette méfiance mutuelle nourrit la difficulté à réformer et, *in fine*, elle nourrit la précarité.

25 février 2015

Propos recueillis par Éric Fottorino et Laurent Greilsamer

Les contradictions de l'emploi temporaire

Loup Wolff, sociologue et statisticien

En France, le Code du travail précise que les contrats temporaires ne peuvent avoir « ni pour objet ni pour effet de pourvoir durablement un emploi lié à l'activité normale permanente de l'entreprise ». De fait, en 2012, les contrats temporaires (CDD, intérim) ne représentent que 12 % des emplois, alors même que le CDI se maintient depuis le début des années 1980 comme la forme d'emploi la plus courante, et de loin.

Pourtant, le sentiment largement partagé d'une précarisation de l'emploi n'est pas infondé. Depuis les années 1980, les contrats temporaires ont plus que doublé (ils ne représentaient alors que 5 % des emplois). Et surtout, ils se sont mis à coloniser les offres d'emploi. L'Urssaf est le dépositaire d'une information intéressante : avant d'embaucher, les employeurs ont l'obligation de déclarer leur intention auprès de cet organisme en remplissant un formulaire, la déclaration préalable à l'embauche (DPAE), quelles que soient la durée et la nature du contrat de travail. Appariée aux informations disponibles sur l'intérim, la base de données construite permet de montrer qu'aujourd'hui 91 % des embauches projetées se font sur des contrats temporaires. Contrastant avec la relative rareté de ces contrats dans le salariat, leur présence écrasante dans les intentions d'embauche s'explique par leur durée de plus en plus courte : en 2012, les CDD concernent à 80 % des missions de moins d'un mois (contre 62 % en 2000). Et une mission d'intérim moyenne dure un peu moins de deux semaines.

Certes deux fois plus courant qu'il y a trente ans, l'emploi en intérim et en CDD continue de ne former qu'une minorité au sein du salariat. Mais une minorité d'autant plus visible que sa présence sur le marché de l'emploi est exacerbée aujourd'hui par le raccourcissement de la durée des contrats.

25 février 2015

Tout travail mérite-t-il stagiaire ?

Anne-Sophie Novel, journaliste

Dans la famille précarité, l'emploi des jeunes fait bonne figure. La galère rythmée par l'accumulation de stages et de petits boulots a même, pour beaucoup, le caractère d'un rite de passage : on s'offusque des conditions proposées aux nouveaux arrivants sur le marché du travail tout en intégrant cette phase de vie comme une nécessité.

Le tout s'apparente d'ailleurs à un cercle vicieux : les recruteurs demandent aux candidats de faire preuve d'expérience, mais personne n'offre la possibilité de se faire les armes dans de bonnes conditions. Conséquence : le stage, initialement conçu comme une période de formation pratique, devient une nouvelle forme de contrat – le droit du travail en moins.

« Les stages se sont fortement développés depuis la fin des années 1990. À l'époque l'université ne préparait pas au monde du travail, mais nous sommes maintenant dans l'excès inverse : on lâche dans la nature des étudiants quasi salariés et non armés, sans les protéger », dénonce Julien Bayou, cofondateur en 2005 de Génération précaire, collectif spécialisé dans la dénonciation des conditions des stagiaires. Ils sont alors près de 800 000 en France – un chiffre estimé en 2012 à plus de 1,6 million, d'après un rapport du Conseil économique, social et environnemental.

Pour le jeune homme, nous assistons depuis à un véritable dumping social : « Un diplômé en stage concurrence malgré lui un diplômé qui cherche du travail. En termes de coût pour l'entreprise, le rapport entre un stage et un CDD est de 1 à 4. Plus il y a de stages, moins il y a d'emplois. » Et pour cause : pour une période de six mois, un salarié payé 1 500 euros par mois coûte 18 000 euros, contre 2 500 [3 100] euros pour un stagiaire. « Certaines entreprises abusent tellement qu'elles prennent dix stagiaires à la fois et leur annoncent qu'elles n'en garderont qu'un à la fin. C'est Koh-Lanta et La Boétie à la fois, de la servitude volontaire par besoin de survie », déplore Julien Bayou.

Sans parler des responsabilités confiées lors des stages, qui se sont également accrues – au point qu'il devient difficile aujourd'hui d'effectuer des stages pour tester un métier. Pire, l'existence de stages à fortes responsabilités diminue les possibilités d'embauche : le syndrome « urgent recherche stagiaire », fréquent dans les annonces, est caractéristique de la disparition des emplois juniors au profit de stages qui n'ont plus rien de pédagogique.

La faute à qui ? Aux recruteurs qui en ont généralisé l'usage au point de laisser croire qu'il s'agit d'une étape de pré-embauche incontournable (seule une fraction des stages en fin de cursus débouchent sur un emploi) et qui en abusent. La faute au chômage aussi, qui pousse les jeunes diplômés à accepter des stages, faute de mieux. La faute aux écoles et universités, qui distribuent des conventions et n'ont pas les moyens d'effectuer de suivi pédagogique.

Si la loi votée en juin 2014 sur l'encadrement des stages limite la durée des stages à six mois, accroît leur rémunération (de 436 euros à 523 euros) et accorde quelques avantages (délivrance de tickets-restaurant, remboursement des frais de transport), le décret limitant le plafond de stagiaires par entreprise à environ 10 % du personnel doit encore passer au Conseil d'État. « Cette dernière mesure est décisive pour initier un début de refonte globale et rééquilibrer les temps d'apprentissage, de stage et d'entrée dans la vie professionnelle », observe Julien Bayou, las de voir à quel point la jeunesse souffre ainsi d'une situation dont les conséquences se ressentent tout au long de la vie. Pour lui, ce combat est la mère de toutes les batailles : est-il encore possible d'accepter ce cadre éducatif qui incite « à fermer sa gueule » et institue le harcèlement et les pressions psychologiques comme des normes ? La question reste « on stage »…

25 février 2015

Un droit du travail illisible et inadapté

Éric Girard, chef d'entreprise

Notre environnement change. Quelle banalité ! Pourtant aucune décision courageuse n'est prise pour s'y adapter et donner une chance à notre économie. Ce ne sont pas les solutions qui manquent, c'est la définition des priorités et la volonté de les mettre en œuvre.

Certes, le coût du travail est un frein et, si les mesures engagées par le gouvernement vont dans le bon sens, elles ne traiteront que les conséquences d'un mal beaucoup plus profond : l'extrême rigidité du marché de l'emploi. C'est à elle qu'il faut s'attaquer.

À trop vouloir protéger les salariés, on les a précarisés. Insidieusement, on a généré des populations qui s'affrontent avec des armes inégales sur le terrain de l'emploi. D'un côté, des heureux protégés par les organisations syndicales de moins en moins nombreux. De l'autre, des intermittents abonnés aux contrats d'intérim ou à durée déterminée dont le nombre ne cesse d'augmenter.

Comme souvent, les dispositions prises en leur temps pour définir les conditions de recours au travail précaire avaient du sens : remplacer un salarié absent ; faire face à une charge de travail exceptionnelle, limitée dans la durée. Simple et de bon sens… Sauf que bon nombre d'entreprises sont désormais contraintes de se tourner vers ce type de contrats en priorité, pour d'autres raisons que celles prévues, afin de sauvegarder leur compétitivité future.

Il est loin le temps où l'économie, l'activité de l'entreprise reposaient sur des facteurs stables et prévisibles. Nous sommes dans un monde où tout va plus vite, où l'incertitude domine, où les positions sur un marché peuvent être remises en cause brutalement. Être flexible, capable d'adapter ses capacités de production ou ses ressources humaines, est indispensable à l'entreprise. Mais de flexibilité, l'entreprise en manque cruellement dès qu'il s'agit de ses emplois en contrat à durée indéterminée.

Face à des variations d'activité très fortes (plus ou moins 40 % selon les mois), à un marché erratique et difficilement prévisible, la question de la nature du contrat de travail proposé est récurrente. Souvent le choix d'un contrat précaire s'impose. Décision normale quand il s'agit de renforcer nos équipes pour une période de forte activité que l'on sait temporaire. Mais c'est incontestablement un biais dans l'utilisation du CDD quand il s'agit d'une mesure conservatoire, dans l'attente de la validation de nos hypothèses de croissance.

Pour éviter cette situation, il faudrait pouvoir aisément ajuster les effectifs. Quand supprimer plus de dix postes en CDI au sein de l'entreprise suffit pour déclencher un plan de sauvegarde de l'emploi (PSE), on comprend mieux pourquoi le recours au travail précaire ne cesse de se développer. Comme beaucoup de dirigeants, j'ai malheureusement été confronté à cette situation. Au-delà des conséquences sociales douloureuses, la mise en œuvre d'un tel plan est longue, coûteuse, exclusive en matière d'énergie consacrée, au détriment des enjeux de business. Des effets inattendus peuvent surgir. Un plan social recouvre des postes et non des personnes. Mais concrètement, tous les salariés ayant une qualification équivalente dans l'entreprise sont concernés par le plan. Par exemple, la décision de supprimer des postes de techniciens dans nos centres de pose (pour cause d'activité trop faible) touchera aussi des préparateurs de commandes sur les sites de distribution. Pourquoi ? Parce que ces derniers peuvent, avec des formations, accéder à la fonction de technicien. Une situation parfaite en théorie, mais un cauchemar pour l'entreprise : des salariés dans l'incertitude, des organisations bloquées, des discussions sans fin avec les partenaires sociaux et le temps qui passe… affaiblissant encore l'entreprise.

Une telle protection des emplois à durée indéterminée a des conséquences dramatiques : frilosité des entreprises à recruter, à prendre des risques, recours au travail précaire, paupérisation des emplois, baisse de la mobilité professionnelle, stagnation des rémunérations, chômage de longue durée, absence de perspectives pour les jeunes, pessimisme et peur de l'accident professionnel.

Il est urgent de s'engager dans une autre voie, qui corresponde enfin au monde dans lequel nous vivons. Notre droit du travail, à force d'aménagements successifs, n'est pas seulement illisible, il est inadapté et source de blocage pour le redémarrage de notre économie.

Allons vers la simplification, vers ce contrat unique que certains appellent de leurs vœux, libérons le marché du travail pour que l'on puisse passer d'une entreprise à l'autre sans angoisse et que celles-ci, en confiance, puissent s'engager dans leurs projets.

C'est à cette condition que notre économie retrouvera une certaine dynamique et que le travail précaire sera de nouveau à sa juste place. Un moyen, ponctuel, pour faire face à une situation exceptionnelle. Vaste chantier, mais si essentiel.

25 février 2015

Le corps des travailleurs

Michel Onfray, philosophe

L'étymologie de « travail » ne procède pas innocemment de l'instrument de torture avec lequel on entravait jadis l'animal de trait. Il n'est pas non plus sans raison présenté par la mythologie chrétienne comme une damnation consécutive au péché originel. Aristote justifiait l'esclavage clairement; Platon avec des finasseries; les penseurs chrétiens ont fait de même pendant des siècles en rappelant que, si Adam n'avait pas goûté du fruit défendu, nous n'en serions pas là; Marx n'a jamais voulu abolir le travail mais le parfumer à l'eau de rose communiste; Stakhanov a même dit qu'il était un sport socialiste haut de gamme; Hitler affirmait à l'entrée des camps de la mort que le travail rend libre: ses intellectuels lui avaient pêché l'idée dans les *Principes de la philosophie du droit* de Hegel qui n'était pas sans avoir lu Kant; Pétain trouvait qu'avec la Famille et la Patrie, c'était une excellente chose. Il n'y a eu que le gendre de Marx, Paul Lafargue, pour publier un magnifique *Droit à la paresse* afin de faire rendre gorge à cette religion du travail.

Le travail, quand il a été analysé, l'a rarement été dans sa relation au corps du travailleur: punition ontologique, nécessité de la production, obligation de nourrir la caste des prêtres, des guerriers et des rois, libération de l'homme, réalisation du dessein de Dieu, moteur de la technique, les analyses oublient toujours le corps du prolétaire, le corps du travailleur, le corps de l'ouvrier, le corps de l'artisan.

De ce corps-là, il n'a jamais été question dans les livres que j'ai lus, même s'ils parlaient en faveur du prolétariat. La philosophie dominante excelle dans l'art de la prestidigitation : comme le magicien fait sortir le lapin du chapeau, le philosophe fait disparaître le corps du travailleur dans la tombe où le labeur le conduit plus rapidement que celui de l'oisif.

En revanche, ce corps-là, je l'ai connu avant même de savoir lire : c'était le corps de mon père, ouvrier agricole. Il avait neuf doigts : le dixième s'était trouvé écrasé par le timon d'un chartil le jour qu'un cheval emballé avait fini sa course dans un mur. J'ai connu les mains de Picasso ou de Léger avant de savoir à quoi elles ressemblaient chez ces peintres : c'étaient les siennes, larges comme des battoirs, fortes, épaisses, rudes, pas faites pour les caresses, mais pour tenir la pelle et la fourche, la pioche et la bêche – pour ouvrir et fermer le couteau qui signalait le début et la fin du repas aussi... C'étaient des outils qui maniaient des outils. Ces mains-là, ce sont aussi celles de mon petit frère qui travaille aujourd'hui à l'entretien du gros matériel dans une carrière de graviers.

Ces mains montrent que le travail fabrique un corps. Quand j'ai travaillé dans une fromagerie, adolescent, un ouvrier qui faisait le même geste depuis des années avait développé une physionomie particulière : il faisait saillir en riant un muscle du haut de son avant-bras que je n'ai vu que chez lui, une excroissance fabriquée par le travail.

Le travail manuel use les corps des hommes et des femmes, abîme les dos, casse les reins, tasse les vertèbres, courbe l'échine, tord les os ; il atteint l'âme, il cisaille les cœurs. Un jour, il exige des médicaments, des antalgiques, des anxiolytiques, des antidépresseurs, des somnifères, des psychotropes, des drogues, de l'alcool.

Depuis peu, ceux qui organisent l'enfer du capitalisme sont eux aussi touchés, les pauvres chéris : on parle alors de burn-out. Le burn-out, c'est, bien souvent, l'ancien accident du travail, mais quand il arrive à ceux qui causent les accidents du travail des autres. Quand un paysan ruiné se pend, c'est un suicide ; quand c'est son banquier qui l'a ruiné et déprime, mais ne se pend pas, c'est un burn-out. C'est pas très romain ; normal : c'est contemporain.

10 juin 2015

« Le droit du travail est devenu pervers »

Robert Badinter, juriste
Antoine Lyon-Caen, juriste

Le monde du travail est-il véritablement asphyxié par le dispositif législatif actuel ?

Robert Badinter : Constatons d'abord l'ampleur du chômage qui atteint cinq millions de salariés. Il est devenu un véritable cancer social. Comment faire pour le réduire ? Le droit aide-t-il ? Le fait qu'il y a une inflation législative continue, sans réduire pour autant le chômage, nous oblige à nous interroger.

Le problème ne se pose pas pour les grandes entreprises dotées de juristes, d'une direction des ressources humaines. Je pense aux petites et aux très petites entreprises pour lesquelles c'est une angoisse. La législation actuelle, parce qu'elle est illisible pour le non-initié, nourrit une incertitude et des coûts qui dissuadent l'embauche. C'est une donnée psychologique indéniable. Un vivier d'emplois est asséché car les entrepreneurs ne veulent pas se risquer dans cette jungle. À partir de là, nous nous sommes interrogés pour reconsidérer la législation du travail dans ce petit livre, *Le Travail et la Loi*, dont l'écho nous a surpris…

Antoine Lyon-Caen : Le législateur n'a cessé de complexifier le droit du travail. On a traité le mal par le mal ! Comme si le droit pouvait lutter contre le chômage… C'est une illusion partagée par beaucoup. C'est le cœur des choses. Le Code du travail est non seulement un maquis pour les entrepreneurs, mais il n'est plus protecteur des salariés.

Est-ce dû à l'épaisseur du Code du travail?

A.L.-C. : La prolifération de la législation n'est pas l'essentiel ; le pire, c'est son obscurité. Nous pourrions supporter un très grand nombre de textes si nous savions dans quelle direction nous allons. Ce n'est pas le cas. Mais nous avons en France la passion des codes et un véritable mythe s'est cristallisé autour du Code du travail.

Comment expliquez-vous le tollé que vous avez suscité ?

R.B. : Vous connaissez l'axiome : « Ne demandez pas aux docteurs de la loi de simplifier la loi, ils ne feront que la rendre plus complexe ! » Ce tollé, comme vous dites, relève d'un conservatisme fréquent chez les juristes.

A.L.-C. : Dans une certaine gauche, dire que la loi trop complexe peut contribuer au chômage revient à adhérer aux thèses libérales. Ce lien est marqué du sceau de la pensée néolibérale. La polémique provient de là.

Quels sont vos arguments face à cette gauche frondeuse qui vous reproche de vous en prendre à la loi protectrice ?

R.B. : Première réponse : nous avons travaillé à droit constant. Rien dans nos propositions ne retranche quoi que ce soit aux garanties apportées aujourd'hui par la loi. Nous avons vu tous les syndicats de salariés. Aucun n'a réagi négativement devant nos propositions. Nous avons aussi rencontré les organisations patronales, même chose : accueil positif. Nous n'avons reçu aucun mémoire critique, au contraire.

Deuxième réponse : notre premier effort a consisté à dégager les principes fondamentaux du droit du travail. Une clarification nécessaire. Dégager les principes et ensuite décliner ces derniers au niveau des branches industrielles, commerciales, etc. par des accords collectifs ou par la loi.

A.L.-C. : Prenons l'exemple du contrat de travail. Il existe aujourd'hui une incroyable floraison de possibilités. Nous affirmons simplement qu'il existe un droit fondamental : celui, pour le salarié, de connaître au départ les conditions essentielles de son travail (lieu, fonction, mode de rémunération, etc.). Cela prend huit lignes. Dès lors vous pouvez supprimer près de deux cent cinquante articles du Code du travail. Il s'agit bien d'aller vers un code moins bavard.

Il existe par exemple dix-neuf cas de recours au contrat à durée déterminée ! Sous couvert de rendre attractif le contrat, on a rendu son utilisation incompréhensible car le législateur poursuit deux objectifs en même temps : le souci de la protection du salarié et l'incitation à l'embauche. Les deux ne coïncident pas toujours. Notre législation est schizophrène. *In fine*, le salarié est mal protégé.

La loi a-t-elle pour fonction de protéger le salarié ?

R.B. : J'en suis convaincu. La fonction première du droit du travail est bien de protéger d'abord le salarié. Mais ce n'est pas la loi qui crée des emplois, et à coup sûr trop de lois, parfois mal conçues, découragent l'emploi. Pour nous, il n'est que temps de dégager les principes fondamentaux. Le but est bien de rompre avec une inflation de textes, et même une exubérance qui ne suit aucun cap précis. C'est tout un ordre juridique à reconstruire à partir des principes fondamentaux.

En simplifiant, ne risque-t-on pas de perdre en route quelques principes ?

A.L.-C. : C'est l'équation politique du droit du travail depuis toujours. Simplement, nous sommes arrivés à un moment où la manière de résoudre l'équation est catastrophique. *De facto*, le droit du travail est devenu pervers. Il devrait être unique dans ses principes et respectueux de la diversité des métiers et des modes d'exercice du travail.

Depuis la publication de votre livre, deux clubs de réflexion ont publié des notes et le rapport Combrexelle a été remis au Premier ministre. Comment expliquez-vous cette succession d'initiatives ?

R.B. : Cela signifie qu'il y a une prise de conscience. Nous ignorions que Terra Nova et l'Institut Montaigne réfléchissaient sur le sujet et nous n'avons appris que plus tard la préparation du rapport Combrexelle. Nous nous sommes lancés tous les deux à l'été 2014 sur la base d'un constat et d'une indignation. Quand vous avez cinq millions de chômeurs directement atteints, cela implique que des millions d'autres personnes sont aussi touchées avec les familles, les proches. C'est cela qui explique la morosité profonde de notre pays ! Des lois, encore des lois, toujours des lois pour lutter contre le chômage : ce système est parvenu à ses limites. Nous proposons une autre réponse à une situation insupportable.

Avez-vous eu des modèles ? Tel pays scandinave ou tel autre ?

A.L.-C. : Il n'y a pas de modèle ! Le drame, c'est que l'Union européenne n'a pas été capable de produire un socle social. Le social était subsidiaire. Il n'y a pas d'identité européenne autour du travail. La dimension esquissée par Jacques Delors, dans les années 1980, n'a pas pris. Elle n'a pas permis aux Européens d'avoir une identité sociale autour du travail. Parce que le droit du travail, c'est le code politique, c'est ce qui nous donne notre identité fondamentale. L'Europe n'a pas su faire naître cela.

R.B. : L'Europe est structurellement un marché ouvert aux entreprises. Jean Monnet n'était pas un penseur social. C'est un fait : la dimension sociale existe, mais elle n'est pas prioritaire.

Partagez-vous la vision d'économistes qui sont favorables au contrat d'embauche unique, comme le Prix Nobel Jean Tirole ?

A.L.-C. : Non. La présentation du contrat dit unique est très trompeuse. En réalité, les tenants de cette position ne veulent pas de contrôle des licenciements. Ils en reviennent à cette idée qui a joué un grand rôle aux États-Unis : la séparation au libre choix de l'employeur. Sous couvert de contrat unique, c'est de cela qu'il s'agit. C'est la raison de l'unification des deux contrats (CDI et CDD). C'est une pensée du marché du travail et une volonté de le rendre plus fluide. Ce n'est pas une pensée de l'entreprise qui prend en compte la créativité, l'engagement des salariés et des entrepreneurs. C'est une anthropologie absolument terrible. Nous ne sommes pas favorables à la disparition de l'exigence de justifier les raisons d'un licenciement. Un employeur doit dire pourquoi il procède à un licenciement.

R.B. : Dégager des principes est d'autant plus nécessaire que nous sommes dans un temps de révolution du travail. Le modèle existant se dissout. Nous aurons des modes d'organisation du travail radicalement différents de ceux que nous connaissons. Le télétravail est déjà une réalité. L'entreprise unipersonnelle aussi, qui n'est souvent qu'une relation de travail déguisée en contrat de fourniture de services. Il faut prévoir cet avenir en acceptant cette idée : il y a des principes intangibles mais les modalités se déclinent.

30 septembre 2015

Propos recueillis par Éric Fottorino et Laurent Greilsamer

La menace du rabot

Thomas Coutrot, économiste

Le droit du travail, cause majeure du chômage français ? L'avalanche récente de rapports et de déclarations sur l'obésité du Code du travail a réussi à imposer une évidence médiatique : une simplification radicale est urgente. Le consensus autour des thèses traditionnelles du Medef et des économistes libéraux est désormais d'autant plus fort que Robert Badinter et Antoine Lyon-Caen, deux figures jusqu'alors respectées pour leur rigueur intellectuelle et morale, y ont contribué bruyamment, en attribuant dans leur livre *Le Travail et la Loi* le maintien d'un chômage de masse à « un droit du travail perçu comme une forêt trop obscure et hostile » qui décourage les petits patrons d'embaucher. Toutes affaires cessantes, M. Macron va donc y remédier.

Les effets de manche sur les « 3 000 pages » du Code du travail qui causeraient « 3 millions de chômeurs » – il faut lire à ce propos le tweet grotesque du Medef – ne reposent pourtant sur aucune étude sérieuse. L'OCDE – repaire anticapitaliste, comme chacun sait – a scruté les recherches économiques existantes sur le lien éventuel entre degré de protection des emplois et chômage. Sa conclusion : « Aucun consensus fort n'émerge véritablement », car « le sens comme l'ampleur estimée des effets de la protection de l'emploi sur les taux d'emploi et le chômage varient beaucoup d'une étude à l'autre». En revanche, l'OCDE montre qu'une forte protection de l'emploi des travailleurs du «noyau dur» (CDI à temps plein) incite les entreprises à recourir davantage à des emplois précaires (CDD, intérim, faux indépendants...).

Les règles qui rendent plus difficile le licenciement ne créent donc pas du chômage, mais favorisent un plus grand dualisme sur le marché du travail. Vaut-il mieux avoir une majorité d'emplois stables et une minorité d'emplois très précaires, ou bien une précarité plus diffuse et généralisée? C'est un choix politique: dans le premier type de société (Allemagne, France...), des bastions syndicaux peuvent survivre, alors qu'ils sont liquidés dans le deuxième type (Royaume-Uni, États-Unis...). On conçoit que le Medef ou l'Institut Montaigne préfèrent le second modèle, on ne voit pas d'autre explication au choix de MM. Badinter et Lyon-Caen que l'ignorance.

Bien plus qu'à la flexibilité de leur marché du travail, le faible niveau de chômage enregistré actuellement dans ces deux pays tient au cocktail addictif et insoutenable que constituent des déficits budgétaires permanents et une création monétaire incessante, qui gonflent des bulles de dettes et de spéculation. Des paradis artificiels où une extrême instabilité s'accompagne du creusement d'extrêmes inégalités...

Certes, il pourrait être utile de simplifier le Code du travail pour qu'il soit plus lisible. Mais en espérer un boom ou même un frémissement des créations d'emplois est pure illusion. En réalité, la simplification se heurtera aux réalités (les entreprises et les salariés ont besoin de connaître les règles) et sera probablement marginale. Elle servira sans doute à raboter quelques droits au passage. Mais pour ceux qui nous gouvernent ou font semblant, la vraie finalité de tout ce tintamarre est ailleurs: faire croire, et se convaincre soi-même, qu'on agit sur le réel. Au moment où la crise chinoise, les craquements de la sphère financière et l'échec annoncé de la conférence climatique exposent l'impuissance de dirigeants totalement dépassés par un monde qu'ils ne comprennent ni ne maîtrisent, ce n'est peut-être pas un si mince bénéfice.

30 septembre 2015

« Travailler moins pour travailler tous »
Le regard de quatre avocats spécialistes du droit du travail

Rachel Saada, avocate, membre du Syndicat des avocats de France

Le débat sur la simplification du Code du travail est malhonnête. Ce n'est pas en modifiant la loi qu'on va régler les problèmes économiques. Les patrons ont toujours expliqué que, pour embaucher, il fallait qu'ils puissent licencier facilement. Cela ne s'est jamais vérifié. Jusqu'en 1986, quand un chef d'entreprise souhaitait licencier un employé pour motif économique, il devait demander l'accord à l'inspection du travail. Dans 90 % des cas, la requête était acceptée. Mais les patrons se plaignaient, invoquant une procédure trop compliquée. Ainsi, l'autorisation administrative de licenciement a été supprimée. Il n'y a pas eu plus d'embauches.

Autre exemple en 2008 : les accords nationaux interprofessionnels signés par la CFDT permettant la rupture conventionnelle du contrat de travail. Il s'agit d'un simple formulaire à remplir, sans aucun motif à donner, qui s'accompagne d'une impossibilité pour le salarié de saisir les prud'hommes. On fait supporter à Pôle emploi les indemnités des 400 000 ruptures conventionnelles signées annuellement. Cela n'a pas eu d'impact sur l'embauche.

Ce n'est pas la complexité de la norme qui fait ou qui défait l'emploi. Et les propositions du Medef vont rendre les choses encore plus compliquées : décentraliser la norme et la fabriquer au plus près de l'entreprise la rendra plus obscure. Cela signifie que, lorsque l'on change d'entreprise, on change de droit. Sortir de la norme étatique risque de fragiliser les salariés. Et d'augmenter la violence. Quand le droit se morcelle et qu'on n'a plus de recours, on prend plus facilement son fusil.

Le droit du travail s'est construit sur tout un siècle, des congés payés aux 35 heures. Aujourd'hui, on vient nous expliquer qu'il faut travailler plus : une ânerie historique. Je me souviens d'un slogan qui circulait dans les années 1980 : « Travailler moins pour travailler tous. » On devrait revenir à cet état d'esprit. Il faut aussi préciser que le Code du travail a été entièrement révisé en 2008, en vue de le rendre plus clair et d'en simplifier la langue. Ce qui empêche les entreprises d'embaucher, ce sont les frais fixes. Le droit du travail ne sera jamais complètement satisfaisant pour les employeurs.

« La pratique ne correspond plus à la règle »

Mathurin Claire, avocat associé au cabinet Norma
Florent Millot, avocat associé au cabinet Norma

Politiques, organisations syndicales… tous s'accordent à dire que le Code du travail est compliqué. La loi est parfois trop rigide et la pratique ne correspond plus à la règle. Prenons l'exemple du CDD. En principe, il s'agit d'un contrat exceptionnel qui correspond à un accroissement temporaire d'activité. Mais aujourd'hui, 80 % des embauches se font en CDD. À ce niveau-là, quelle est l'utilité de la règle ?

Dans le cas des PME et des TPE, du fait de la complexité du Code du travail, les patrons ont l'impression de vivre dans une situation d'insécurité juridique. Ils ne sont pas entourés d'une armada de juristes, d'avocats ou d'experts pour les éclairer. Mettons qu'un patron décide de remplacer une employée en congé maternité. Le CDD de remplacement doit comporter des mentions obligatoires : le motif, mais aussi le nom de la personne remplacée, sa qualification et sa classification. Si vous oubliez un élément, le CDD est considéré comme un CDI. Et à la fin de son contrat, le salarié peut vous attaquer aux prud'hommes, pour rupture abusive de contrat. Les sanctions ne sont pas toujours proportionnées aux manquements.

Le droit du travail est dicté par le principe de faveur : vous pouvez toujours déroger à la règle mais dans un sens plus favorable au salarié. Le rapport Combrexelle autorise une norme qui permet de s'adapter au contexte dans une logique de donnant-donnant. En ce moment, la direction de l'usine Smart France propose à ses salariés de passer aux 39 heures. En contrepartie, la direction s'engage à maintenir leurs emplois. Le Code du travail est hérité d'un autre temps et nous avons besoin d'un outil qui permette de s'adapter plus vite aux changements de contexte. Avec la pratique, cela ne nous apparaît pas comme un danger.

« On confond le Code du travail avec un code de l'emploi »

Emmanuelle Boussard-Verrecchia, avocate, spécialiste de la discrimination

Quel but assigne-t-on à la loi ? C'est le fond du débat. Le législateur lui donne la puissance – à mon avis imaginaire – de réduire le chômage. Le patronat considère que la situation de sous-emploi est la conséquence des règles trop contraignantes du droit du travail. Il exige moins de contraintes pour les entreprises afin de les désangoisser face à l'embauche. Mais ce n'est pas parce qu'on divorce plus facilement qu'on se marie plus facilement ! Le fait que le salarié soit suffisamment protégé est aussi une condition de la qualité de son travail.

Le rapport Combrexelle souhaite donner aux négociations collectives une large place. Mais les organisations syndicales sont affaiblies par la situation de l'emploi. Dans ce contexte, les normes négociées seront forcément déséquilibrées et moins acceptées par les salariés. Cela risque de générer un émiettement de la loi, une mauvaise qualité de la norme et par conséquent un recours aux commissions d'interprétation. Sous couvert de simplification, il y a en fait un amoindrissement de la protection des salariés dans l'emploi qui sera une source évidente de contentieux, car l'application de la norme posera d'autant plus problème. En effet, si celle-ci diffère d'une entreprise à l'autre, cela va générer un vrai désordre.

Robert Badinter et Antoine Lyon-Caen développent une autre vision de la « simplification ». Ils questionnent à raison la pertinence des dérogations car elles finissent par nuire à l'efficacité de la règle. Pour que les PME et les partenaires sociaux puissent appréhender le Code du travail avec plus d'efficacité, il faudrait peut-être le débarrasser de certains développements qui ne relèvent pas de son objet, à savoir : régir les relations entre employeurs et salariés. Il est pollué par beaucoup d'exceptions, de dérogations. On confond le Code du travail avec un code de l'emploi. Là, il s'agit d'un débat de fond et d'un projet de société.

30 septembre 2015

Propos recueillis par Elsa Delaunay

« Chômage : arrêtons d'agir avec un biais idéologique »

Daniel Cohen, économiste

Quand le chômage est-il devenu un problème dans notre pays ?

La France découvre le chômage avec les années 1970 et la fin des Trente Glorieuses. Dans les années 1950-1960, il était pathologiquement bas comparé à celui des États-Unis. Outre-Atlantique, le chômage a toujours été autour de 5 %. Il y a eu des pics à 7-8 % au début des années 1980. Mais ce qui est très spectaculaire avec le chômage américain, c'est cette jauge de 5 %. Il en dévie parfois, mais il y revient très vite.

La France des années 1960 se situait-elle en dessous de cet étiage ?

Si on tient compte des migrations d'ouvriers algériens et autres qu'on faisait venir dans nos usines, notre taux de chômage était même négatif !

Pourquoi parlez-vous d'un chômage pathologiquement bas ?

Au regard de l'idée qu'on a aujourd'hui d'un taux de chômage d'équilibre. On était habité à l'époque par l'idée, keynésienne, que ce taux devait être à zéro. Mais observons nos sociétés avec des lunettes schumpétériennes : il y a des destructions et des créations d'emplois permanentes et le taux de chômage ne peut être à zéro. Il existe un niveau incompressible, dit frictionnel. Le taux de chômage est la résultante de plusieurs flux : c'est la probabilité qu'un emploi soit détruit, rapportée à la probabilité qu'un chômeur trouve un emploi.

Où se situe ce taux ?

Aux États-Unis, à 5 %. Mais chez nous, la perception est différente. Quand les Trente Glorieuses s'interrompent dans les années 1970, le phénomène est masqué par le choc pétrolier. D'où les hésitations de la politique économique de Giscard d'Estaing. On se dit que la croissance reviendra ; l'Élysée est persuadé qu'après une période transitoire, on va retrouver le plein-emploi. Un taux de chômage de 4-5 % est alors considéré comme terrible. L'idée qui domine alors est d'inspiration keynésienne : il faut éviter une dynamique d'amplification du chômage et empêcher que, par un effet boule de neige, les nouveaux chômeurs consomment moins. Le chômage est monté jusqu'au contre-choc pétrolier qui correspond aux années Rocard, puis redescendu, puis remonté. Et ainsi de suite. Il recommence à baisser sous Chirac et Sarkozy pour s'établir début 2008 en France à 6,8 % ! Point très important : ce résultat est obtenu sans que l'économie donne le moindre signe de surchauffe.

Voyez-vous là une spécificité française ?

J'en tire la conclusion que le chômage en France met beaucoup de temps à revenir vers son équilibre. La tendance naturelle de notre taux de chômage se situe sans doute entre 7 et 8 %, mais il y revient très lentement. En France, l'emploi est un grand bateau lent. Inconvénient : il faut du temps pour retrouver l'équilibre. Avantage : en cas de crise majeure, les destructions d'emplois sont plus limitées qu'ailleurs. Entre 2008 et aujourd'hui, malgré une crise terrible, le chômage est passé de 7 à 10 %. C'est beaucoup, mais beaucoup moins que ce que laissait prévoir la sévérité de la crise. Comprendre le chômage français, c'est admettre qu'il s'agit d'un système lent à réagir. L'équilibre de long terme – disons 7 % – n'est certainement pas satisfaisant, mais on ne peut pas faire comme si l'on pouvait descendre à zéro… J'ai conscience que c'est un point de départ un peu désabusé. Mais nous ne sommes pas en 1930 avec un taux de chômage à 25 %, ou en Espagne aujourd'hui avec plus de 20 %. Nous sommes à 10 %. Avec une bonne politique économique qui ne viendrait pas étouffer la dynamique de croissance, nous pourrions arriver à 7 %.

La lenteur est-elle une fatalité ?

La question est de savoir si notre régime social est adapté aux grandes turbulences du monde contemporain. Tout concourt à la lenteur de réaction du système français, mais pas forcément pour de mauvaises raisons. Ici, les chômeurs ne crèvent pas de faim au bout de quelques mois comme aux États-Unis dans les années 1930 – et encore en partie aujourd'hui. Ici, les protections sont telles qu'avant de licencier, on y réfléchit à deux fois, le salarié n'est pas juste une variable d'ajustement. C'est parce que le système protège que le retour à l'emploi est plus long. Il y a moins d'urgence à retrouver un emploi ; un chômeur ne se résout pas aussi vite à accepter une offre qui ne lui convient pas. Dans le modèle américain, les statistiques semblent meilleures, mais la masse des sans-emploi qui ne s'inscrivent pas au chômage est considérable puisqu'ils ne touchent rien.

Quelle est la principale fragilité française ?

Il s'agit d'abord du sous-emploi des seniors. Chez les plus de 55 ans, le taux d'emploi est plus faible que pour n'importe quelle autre classe d'âge. L'économiste Jean-Olivier Hairault l'a démontré : ce qui détermine le taux d'emploi d'une tranche d'âge n'est pas son âge biologique mais son âge social, c'est-à-dire la distance entre l'âge de la personne et l'âge de la retraite : si celui-ci est de 70 ans, le chômage frappe les gens qui ont entre 65 et 70 ans ; si l'âge de la retraite est fixé à 60 ans, le chômage concerne les 55-60 ans. Est-ce voulu ou inconscient ? Un peu des deux ! Quand Pierre Mauroy a fixé la retraite à 60 ans, en 1981, il avait en tête les sidérurgistes. Le problème a été qu'en généralisant la mesure on a transformé une disposition conjoncturelle adaptée à une situation donnée en un phénomène durable sur lequel les gouvernements ont tenté ensuite de revenir, car l'espérance de vie après 65 ans commençait à exploser. Cette décision a eu pour effet mécanique d'avancer de cinq ans le moment où les gens entrent en sous-emploi.

A-t-on raté des occasions?

Jean-Olivier Hairault avait eu une idée intéressante pour inciter au maintien dans l'emploi des seniors: pour chaque année travaillée au-delà de l'âge de la retraite, l'État verserait à l'intéressé un capital correspondant aux économies réalisées. Cela pourrait atteindre dix mois par année de travail en plus! Par ce mécanisme très incitatif, le consensus implicite autour de l'exclusion des seniors de l'emploi aurait été battu en brèche. Mais il y a beaucoup d'autres idées possibles. Si nous ne pensions plus le chômage de manière générale, mais par tranches d'âge et par catégories de qualification, alors nous verrions apparaître un arbre de solutions. On agit toujours avec un biais idéologique.

Que voulez-vous dire?

Quand souffle le vent des grandes réformes, l'idée domine qu'il faut détruire et non améliorer la situation existante. C'est ainsi qu'on rate des opportunités. Poursuivons sur les retraites. Il existe une forte demande sociale des seniors pour garder un pied dans l'emploi. On pourrait encourager les temps partiels au-delà de l'âge de la retraite. Or les mécanismes en place sont compliqués, on n'a pas réussi à standardiser un module clair (je touche ma retraite pleine et je continue de travailler et cotiser à mi-temps par exemple). C'est un formidable gâchis. Réfléchissons. Combien d'enseignants le feraient, si un pli social allait dans cette direction? Il faut raisonner au cas par cas.

De même pour les jeunes des banlieues, souvent non qualifiés?

Il faut beaucoup de naïveté pour penser qu'avec un contrat de travail flexible, tout à coup, un patron va recruter un jeune qui ne sait ni lire, ni écrire, ni parler anglais, pour parodier une formule de

Henry Ford, même dans une PME. Que faire ? C'est un problème en soi qu'on ne va pas régler par une disposition d'ordre général. Il faut réfléchir à des mesures d'insertion ciblées. C'est ainsi qu'on a lutté, de façon pragmatique, contre le sous-emploi des femmes. Le système des crèches est la raison pour laquelle le taux d'emploi des femmes en France est supérieur à ceux de l'Allemagne et de l'Italie. Ce n'est pas grâce au contrat flexible, c'est grâce aux crèches. Sortons des généralités. Ce sont des cas singuliers qui exigent des réponses singulières. Cherchons des solutions de même nature pour les jeunes.

23 mars 2016

Propos recueillis par Éric Fottorino et Laurent Greilsamer

Le réel et l'imaginaire

Éloi Laurent, économiste

Pour qui veut inverser la courbe du chômage français, il peut être utile de commencer par l'observer. Que révèle la lecture de cette courbe depuis 1975 (en accès libre sur le site de l'Insee) ? Trois réalités, à mille lieues des prétendues vérités implacables martelées ces jours-ci par les partisans de la loi El Khomri (dite « loi travail ») tirées de modèles théoriques ou d'expériences étrangères.

Première réalité : le chômage français n'a pas constamment augmenté depuis quarante ans, il a pu baisser, parfois très significativement et vite. À la fin des années 1980, plus encore à la fin des années 1990 et au milieu des années 2000, le chômage français recule. Pourquoi ? Les explications sont plurielles et le facteur principal diffère selon la période : une forte reprise économique durant les années 1980, une politique ambitieuse de réduction du temps de travail et d'emplois aidés dans les années 1990, ou encore une évolution favorable de la population active au cours des années 2000. Mais, à aucun moment, cette baisse n'a résulté de la « flexibilisation » du marché du travail et encore moins de l'abaissement des droits des salariés. Ce qui ne veut pas dire que le marché du travail n'a pas été « flexibilisé » : il l'a été, comme au moment du « contrat nouvelle embauche » ou, plus récemment, de l'introduction de la « rupture conventionnelle », mais sans effet tangible sur le chômage.

Deuxième réalité : le chômage français a explosé dans l'après-coup de la crise financière de 2008 et de nouveau augmenté avec la mise en place des politiques d'austérité à compter de 2011. Au total, il a bondi de 50 % par rapport à son point bas historique du début de l'année 2008 (il s'établissait alors autour de 7 %, son plus bas niveau depuis 1983). Comment expliquer que les « rigidités du marché du travail » que le gouvernement met aujourd'hui à l'index n'aient pas empêché ce brutal accroissement ? En quoi le droit du travail, qui était le même en 2008 qu'aujourd'hui, a-t-il constitué le moindre frein aux destructions massives d'emplois ? Par quel tour de passe-passe peut-on le rendre responsable de l'aggravation du chômage, en « oubliant » commodément l'effet de la crise financière et des politiques d'austérité (qui ont consisté à réduire le pouvoir d'achat des Français par des hausses d'impôts dictées par le respect des critères comptables européens) ?

Dernière observation : les entreprises françaises ne considèrent pas aujourd'hui, dans leur grande majorité, le droit du travail comme le principal obstacle à l'embauche. En janvier 2016, selon l'Insee, les industriels français sont 43 % à juger qu'ils font face à des difficultés de demande (c'est-à-dire de carnet de commandes), contre 14 % qui attribuent leur situation à des problèmes d'offre (dont le Code du travail ne constitue qu'une toute petite partie). Un rapport d'un à trois !

Il ne fait aucun doute que la France connaît depuis trop longtemps un problème de chômage de masse qui atrophie ses forces vives et condamne une partie de sa jeunesse. Mais augmenter encore la précarité au nom d'une flexibilité qui n'a jamais fait ses preuves est une double faute : une faute directe, car on ne fera pas reculer le chômage en traitant ses causes imaginaires, et une faute indirecte, car ses causes réelles sont toujours là, en souffrance.

23 mars 2016

Le casse-tête du CV

David Foenkinos, écrivain

La crise a propulsé de nombreux quinquagénaires au chômage. C'est souvent pour eux une longue traversée qui commence. Traversée parsemée d'entretiens ubuesques, quand on vous dit que vous avez trop d'expérience ! Comment peut-on avoir « trop d'expérience » ? À quoi on peut toujours rétorquer : « Je peux toujours m'en enlever un peu. » Cette génération est entrée facilement dans le monde du travail, et la voilà confrontée pour la première fois à la nécessité de chercher une nouvelle place dans la société. Et pour cela, il faut savoir se présenter, s'exposer, se vendre.

Ce n'est pas le cas de Patrick. À cinquante-deux ans, il n'a jamais rédigé un CV de sa vie. Il avait trouvé un travail aussitôt ses études finies. Il rédige le détail de sa carrière, mais en plus de ses expériences, on lui recommande de préciser ses hobbies. Doit-il mettre qu'il fait du parachute ascensionnel ? Il hésite avant de renoncer. Ça fait trop casse-cou. C'est pas rassurant pour un employeur. Il ne va pas mettre golf quand même ? Ça fait petit-bourgeois qui va poser des RTT tous les vendredis après-midi. Bon, il n'a jamais joué au tennis de sa vie, mais c'est bien, le tennis. C'est sympathique et classique. Mais si jamais son nouveau patron lui propose une partie ? On découvrira alors qu'il a menti. Peut-on se faire licencier pour avoir fait preuve de mythomanie à propos de ses activités sportives ? Pour tout dire, il se sent fragile.

L'humiliation qu'il a éprouvée en étant viré de sa boîte précédente a fait de lui un homme apeuré par ses propres goûts. Et plus encore : il a tellement perdu confiance en lui qu'il ne sait même plus ce qu'il aime ou pas. Après le sport, le voilà qui mouline pendant des heures sur ses préférences sonores. La musique classique, ça fait vieux. Le rock, bien trop sauvage. Alors le jazz ? Oui, pas mal… Ah non, non, le jazz ça fait syndicaliste. Il finit par ne rien mettre. Aucun hobby. Non, ce n'est pas possible. Cuisiner ? C'est pas mal ça. Ça fait homme moderne, méticuleux, adepte des belles choses. Mais il a peur que ça ne fasse pas très viril. Les patrons, les décideurs, les recruteurs sont des hommes d'un certain âge qui n'ont jamais dû se faire cuire un œuf sur le plat. Il doit être original, tout en créant les conditions d'une entente, avec si possible des points communs. Équation impossible.

Avant même le premier entretien, Patrick est déjà épuisé par toutes les contraintes du CV. Cette nécessité de se résumer tout en se mettant en valeur. Et puis, franchement, il n'a rien de très spécial. C'est certain, il y aura toujours des CV mieux rédigés, plus complets, plus excitants. Il y aura toujours des candidats parlant le japonais, le russe et l'allemand. Et pourquoi pas le serbo-croate ? Il y aura toujours des candidats spécialisés en cinéma suédois sans sous-titres ou en sculpture ottomane. Patrick, arrête d'être défaitiste, se dit-il. Mais comment être fort quand on vient de vous rejeter ? Au fond, on devrait chercher un emploi quand on est en CDI. Enchaîner les entretiens sans être stressé, déconnecté de l'importance de l'enjeu. Et faire son CV quand personne ne vous le demande.

23 mars 2016

Le droit du travail n'est pas un droit du marché du travail

Antoine Lyon-Caen, juriste

Tracer une voie pour réformer ou refonder le droit du travail est un exercice politique périlleux. Les avatars du projet de « loi travail » en sont un témoignage. Car, pour se lancer dans pareille réforme, il faut disposer d'un diagnostic sérieux sur l'état de ce droit et fixer des orientations fermes et pertinentes.

La presse accueille avec bienveillance un discours inspiré par une vision économique du droit très rudimentaire, qui demande que le Code change d'âme. Jadis destinée à offrir quelques garanties aux salariés contre des abus de pouvoir patronal, la législation devrait dorénavant offrir une sécurité aux employeurs face à des salariés nécessairement querelleurs et à des juges par définition ignorants des réalités de la vie économique. Grâce à ce changement d'état d'esprit, l'embauche retrouverait vigueur, dit-on, puisqu'il serait devenu commode de licencier. Ce programme oublie que le droit du travail n'est pas un droit du marché du travail et qu'une entreprise, pour bénéficier d'une organisation efficace, d'un climat d'inventivité et d'une coopération de qualité entre employeur et salariés, requiert de ces derniers qu'ils puissent s'engager sur le long terme sans craindre, à tout moment, de perdre leur travail.

C'est pourtant parce qu'il a inséré dans son projet des dispositions inspirées par cette vision que le gouvernement a essuyé un gros orage. On en oublie presque que son projet a d'autres ambitions. L'une est encore embryonnaire. Elle repose sur ce pronostic que les vies professionnelles de demain, et déjà d'aujourd'hui dans une certaine mesure, seront discontinues, changeantes et peu homogènes. Il importe donc de développer des droits plus attachés à la personne et moins à l'emploi. Le compte personnel d'activité s'inscrit dans cette perspective. Mais, faute d'un financement généreux, moyennant une ample mutualisation, et d'un mode d'emploi ouvert, il est et reste une simple promesse. Au demeurant, il ne saurait se substituer à tout.

Une autre ambition consiste à redistribuer les rôles entre la loi, jugée trop prolixe, et la négociation collective, notamment d'entreprise. C'est à un essai de cet ordre, dans le vaste domaine du temps de travail, qu'est vouée une importante partie du projet de loi. L'expérience qui est tentée n'est pas sans embûches, car il s'agit de convaincre des mérites que présentent les solutions négociées, ce qui suppose que syndicats et employeurs n'aient pas trop intérêt à fuir devant la négociation. Notamment, il ne faut pas que le droit applicable à défaut d'accord soit plus attirant qu'un droit négocié. Il faut aussi veiller à ne pas affaiblir les syndicats.

Une telle ambition suppose, de toute façon, que soient établis les piliers du droit du travail. Ce devrait même être l'ambition première. Car il s'agit bien du passage obligé pour toutes les évaluations d'envergure. Sans ces piliers, que le comité présidé par Robert Badinter a proposé d'appeler les principes essentiels, il n'est pas possible de concevoir comment permettre, encourager, mais aussi encadrer la diversité des régimes de travail qu'annonce la négociation d'entreprise. Sans ces principes, il est difficile d'imaginer qu'entrepreneurs et salariés, actuels et futurs, retrouvent confiance en la loi. Sans ces principes, qui accordent une place centrale à la considération de la personne au travail, qu'elle soit salariée ou travailleur économiquement dépendant, le droit du travail dérivera lentement vers ce droit soumis aux malfaçons des politiques de lutte contre le chômage, un droit pulvérisé et inconsistant. Sans ces principes, il deviendra impossible de rétablir un Code moins formaliste, plus accessible car plus intelligible.

Le gouvernement avait paru faire sienne cette ambition, en proposant la consécration par la loi, sous la forme d'un préambule au Code, des principes essentiels formulés par le comité présidé par Robert Badinter. Mais l'orage s'est levé et le gouvernement, sensible aux vents mauvais, y a finalement renoncé.

Quand on vérifie que la révision du Code du travail est un exercice périlleux…

23 mars 2016

« Il faut ringardiser les conservateurs »

Laurent Berger, dirigeant syndical

Comment définiriez-vous le climat social actuel ?

Si l'on considère la semaine qui vient de s'écouler – nous sommes jeudi –, je parlerais d'hystérie. À la CFDT, nous avions pronostiqué cette situation depuis longtemps. Il y a une telle incapacité à poser les bons diagnostics. Les uns ne croient qu'au statu quo, ne proposent que de serrer plus fort les boulons du monde d'hier pour régler les problèmes économiques et sociaux ; les autres ne jurent que par une libéralisation totale, refusant toute contrainte ! Et tous, responsables syndicaux, patronaux, politiques, se retrouvent pour exiger des lois censées tout régler pour le mieux, selon leurs objectifs respectifs. Mais aucun de ces acteurs n'a compris l'essentiel. Nous ne sommes pas en train de vivre une crise, mais des mutations considérables. Mutations subies : nous vivons dans une économie mondialisée avec des flux migratoires. Mutations souhaitables : les révolutions écologique et numérique peuvent apporter du progrès, des solutions bénéfiques pour tous. Ces mutations inquiètent d'autant plus de larges pans de la société, qui en font parfois une fausse lecture, que les dirigeants n'en donnent pas d'explication. Il y a une perte de sens collectif et personne pour offrir une large vision.

Vous considérez que la CGT et le gouvernement utilisent de vieux outils pour aborder des temps nouveaux.

Exactement. Et nous voyons bien que leurs échéances se situent l'année prochaine, en 2017. Ils pensent pouvoir régler les problèmes de notre société avec une boîte à outils… C'est une faillite intellectuelle, morale pour une part. De la fainéantise aussi. Il y a un manque de courage chez ces responsables qui refusent de regarder le monde tel qu'il est et de l'expliquer aux citoyens. Or il faut redire que nous sommes dans un pays qui peut encore faire le choix du progrès. Il faut expliquer que cela peut consister à faire mieux, pas forcément plus, tout en assurant l'égalité.

Quelle est aujourd'hui la nature du blocage ? Comment expliquer la tension du rapport de force entre la CGT et le gouvernement ?

Si l'on s'en tient à la loi travail, nous avons d'un côté le gouvernement qui a multiplié les erreurs dans la phase de préparation du texte et a ensuite manqué de pédagogie. L'incapacité de l'exécutif à donner du sens à cette loi et à en expliquer les ambitions lui fait porter une part de la responsabilité du blocage actuel. De l'autre côté, vous avez des organisations syndicales comme la CGT et FO qui considèrent que, si l'on donne du pouvoir aux salariés par l'intermédiaire de leurs représentants syndicaux dans les entreprises, c'est une mauvaise chose. Elles considèrent que les salariés sont des êtres mineurs et que l'on peut continuer de mentir.

Et puis, la gauche a un surmoi gauchiste extrêmement important. Il y a une dérive. La CGT se fait déborder par des courants gauchistes. On l'a vu lors de son congrès, c'est comme ça. Pour notre part, nous avons décidé de ne pas nous laisser embarquer. Nous assumons que le monde change, que cela nous plaise ou non. Nous entendons continuer à fabriquer du progrès social en prenant en compte les aspirations individuelles et en trouvant des réponses dans les cadres collectifs. Nous avons choisi de ne plus décider sans les salariés !

Est-ce le point central?

Le syndicalisme est à la croisée des chemins. Soit il se recentre sur les lieux de travail, l'entreprise, l'administration, là où se trouvent les travailleurs – ce que permet cette loi en renforçant le fait syndical, contrairement à ce qui est dit –, soit il considère que son action est avant tout une caisse de résonance politique et n'a pas de rôle à jouer pour améliorer la situation concrète des salariés. Quelque part, la CGT et FO ont compris que ce qui se joue, c'est le syndicalisme d'entreprise. Peut-être ces organisations ne sont-elles pas prêtes. En tout cas, elles ne s'y sont pas préparées. À la CFDT, cela fait des années que nous y réfléchissons. Nous sommes prêts à réinvestir ce terrain-là, qui est le territoire légitime du syndicalisme.

La loi sur le travail ouvre-t-elle cette possibilité?

Oui. Certains parlent d'inversion de la hiérarchie des normes… Ce n'est pas de cela qu'il s'agit. Vous avez le Code du travail: c'est le socle, la norme pour tout le monde. Le Code est complété par les conventions collectives et enfin par les accords d'entreprise. Je le dis: les salariés les mieux protégés aujourd'hui sont les salariés couverts par des accords d'entreprise. Je souhaiterais que ce ne soit pas dans les appareils syndicaux ni même dans les rédactions qu'on décide ce qui est bon ou pas pour les salariés! Et j'aimerais que l'on dise que la commande de trois paquebots dans les chantiers STX de Saint-Nazaire, qui vient d'être rendue publique, est liée à un accord de compétitivité qui a été signé, notamment, par la CFDT et la CGC. Le travail revient, un bassin d'emploi revit. Le syndicalisme doit se recentrer sur les lieux de travail et c'est ce que permet cette loi, contrairement à ce qui est dit.

L'article 2 ne court-circuite-t-il pas le Code du travail?

L'article 2 permet d'agir autrement. Mais s'il n'y a pas d'accord *in fine*, c'est le Code du travail qui s'applique. Il n'y a absolument pas de casse du Code du travail. Arrêtons d'être dans l'outrance permanente.

Quels sont les points les plus précieux dans la loi qu'il faut impérativement conserver ?

Ils correspondent à deux ambitions de longue date de la CFDT. Le premier point, c'est le développement de la négociation collective et de la présence syndicale dans l'entreprise. C'est un fil que nous suivons depuis 1968 avec la création de la section syndicale. Le second, c'est – dans un monde du travail discontinu – l'attachement des droits sociaux à l'individu et pas seulement à son statut. Des droits sociaux universels, transférables et garantis dans un cadre collectif. C'est le compte personnel d'activité. Personne n'en parle... C'est pourtant les prémices d'un nouveau socle d'une protection sociale adaptée au monde d'aujourd'hui.

Dans cette loi, vous avez aussi des progrès qui répondent aux préoccupations quotidiennes de millions de salariés. La protection des femmes partant en congé maternité pour qu'elles puissent à leur retour retrouver un poste équivalent et le même salaire : la période d'accompagnement et de garantie [pendant laquelle elles ne peuvent être licenciées] passe de quatre à dix semaines. Des mesures contre les pratiques sexistes. Ce sont des avancées très intéressantes que je n'ai aucune envie d'abandonner.

Alors pourquoi ce blocage, cette absence de négociation, de compromis ?

Le jeu des postures, les logiques tacticiennes ! Certains sont plus préoccupés par leur destin personnel ou celui de leur organisation que par celui des salariés qu'ils représentent. Dans le camp des « non » à la loi travail, il y a la CGT et FO mais aussi le Medef, la CGPME, une partie de la droite, l'extrême droite, une partie de la gauche et l'extrême gauche. Nous nous heurtons à un certain type de conservatisme qui refuse le dialogue social et à un gouvernement, disons... défaillant. Notre pays manque vraiment de maturité en termes de débat public. FO, qui bloque depuis le début, demande aujourd'hui du dialogue... Lorsque le projet de loi est sorti, nous étions en désaccord profond avec cette première version et nous avons produit un texte de cinquante pages de contre-propositions.

Comment sort-on de cette impasse ?

Je ne vois pas d'autre issue qu'un appel à la responsabilité. Je crois encore à la pédagogie et à l'intelligence collective. Je crois aussi que les prises de position doivent avoir un coût. Les politiques, les syndicalistes, les dirigeants d'entreprise doivent être comptables de ce qu'ils disent. Aujourd'hui, c'est un comble, on ne demande des comptes qu'à ceux qui s'engagent, qui proposent. Le salaud, le traître, c'est moi, ce n'est pas Philippe Martinez en ce moment ! On critique l'organisation syndicale qui a travaillé, proposé jour et nuit, qui s'est engagée. Il faut élever le débat public, donner de la perspective. C'est une responsabilité collective qui devrait revenir aux corps intermédiaires, aux politiques, aux intellectuels. Il faut ringardiser les conservateurs.

1er juin 2016

Propos recueillis par Laurent Greilsamer

La CGT est veuve de chef

Michel Rocard, ancien Premier ministre

Nous sommes dans une espèce de trou noir. Le plus inquiétant, c'est l'absence de sortie visible. Pour comprendre le blocage, il faut remonter loin. En 1895, le congrès de la Fédération des bourses du travail donne naissance à la Confédération générale du travail. La doctrine de la CGT, c'est l'anarchisme, la révolution. Aux yeux de ses leaders, il est très dangereux de vouloir négocier avec les patrons. Le mot d'ordre ? Interdiction de la collaboration de classe, de la coopération. Le résultat est terrible. En 1905, quand est enfin créé, cinquante ans après son homologue allemand, le parti socialiste français – la SFIO –, la CGT répond par un acte de divorce : la charte d'Amiens. Elle rappelle à tous les ouvriers que, s'ils vont se noyer dans cette trahison qu'est la collaboration de classe, ils perdront tout. Cette condamnation morale fait que jamais le parti socialiste français ne va grandir. La totalité de la protection sociale des travailleurs devra donc être arrachée par la loi. Cette symbolique reste au cœur du monde ouvrier. Dès qu'on sort quelque chose du domaine de la loi, la peur ressurgit. Nous y sommes toujours.

La CGT, née très puissante avec près de 1,5 million de membres, ne négocie rien. Elle ne prend pas place dans une dynamique de création de droits ou de protections. L'expérience du Front populaire n'y change rien. Si elle signe les accords de Matignon, cet épisode n'est porteur d'aucune méthodologie de la négociation, ni d'aucune extension de son champ au-delà de la paye. La CGT n'a qu'une attitude protestataire.

Passons un siècle d'histoire. La centrale ouvrière reste dans sa tradition de refus de la négociation, ce qui la réduit au rang de deuxième syndicat de France et l'affaiblit puissamment. Après la succession de Louis Viannet en 1999, on s'est dit au PC – la vraie direction du syndicat – qu'il fallait laisser se développer une nouvelle expérience avec Bernard Thibault. Ancien membre du Parti, formidable syndicaliste, novateur, plein d'idées, il est capable de conclure de bons accords. Son mandat est clair : mettre la proposition et la négociation à l'ordre du jour de la CGT. Mais le malheureux se heurte en 2009, avant la fin de son temps, à la résistance excessive d'une grande partie de l'appareil. L'orthodoxie restait la défense du patrimoine traditionnel : gueuler, protester, refuser, tout casser, ne jamais négocier, exiger la satisfaction des revendications par la loi.

Pendant le mandat de Thibault, personne en France n'a rien vu, rien compris, à l'exception de la CFDT. Ni au gouvernement, ni au sein du patronat. Lors du conflit sur les retraites, en 2010, un gouvernement ignorant de l'histoire sociale a attaqué le problème non par la négociation, mais dans l'idée de le régler par une loi. Bernard Thibault s'est dit prêt à un début de discussion. Il a alors été pris en otage par le pouvoir, lequel voulait l'attirer vers la signature d'un accord et le couper de cette CGT qui ne veut jamais de rien. Celle-ci n'attendait que ça. Elle a jeté Thibault. Ceux qui à la CGT refusent de manière dogmatique toute négociation ont repris la main, soutenus par les fédérations les plus traditionnelles. À présent, il faut voir cette évidence : toute la CGT est veuve de chef, orpheline, en perte d'identité. Elle sent un formidable besoin de se ressourcer en même temps qu'elle a une peur panique de voir disparaître son outil de combat traditionnel : la demande de lois sur les protections et les procédures. Dans les raffineries ou les chemins de fer, elle veut retrouver sa réputation, son autorité, sa dignité. Pour ce faire, elle s'appuie sur une combativité démonstrative, seule légitime dans le discours public comme dans le discours journalistique. La presse est un amplificateur formidable. Elle tire son « plaisir » de la violence. C'est une occasion de vendre des journaux, de faire de l'audience. Voilà où l'on en est. Si Philippe Martinez, son secrétaire général, se mettait à négocier, la CGT dirait qu'il a trahi. Nous n'avons plus de syndicats qui fassent autorité. On aboutit à l'illégitimité de la représentation populaire élue. Plus personne ne croit à rien de ce que disent les gouvernants.

1er juin 2016

Conversation avec Éric Fottorino

Libérer les employeurs des contraintes

Emmanuel Dockès, chercheur
Dominique Méda, professeur de sociologie
Marie-Laure Morin, chercheuse

« Nous permettrons de négocier au plus près du terrain. Le Code du travail définit un socle de droits et de règles (durée légale du travail, salaire minimum, égalité professionnelle...), qui continuera de s'imposer aux entreprises. Une démarche volontariste sera engagée pour réduire fortement le nombre de branches à celles qui pourront pleinement participer à une politique de filière au-delà des métiers et des secteurs : nous pouvons viser d'en avoir entre cinquante et cent. »

PROGRAMME D'EN MARCHE !

L'avant-projet de loi

Que prépare le gouvernement pour réformer le « marché du travail » ? L'exécutif a d'emblée renié l'avant-projet de loi présenté par *Le Parisien* du 5 juin, tout comme les textes issus de la Direction générale du travail (DGT) rendus publics par *Libération*, lesquels auraient été « volés » par ce quotidien avant même d'avoir été portés à la connaissance de la ministre. À l'heure actuelle, le citoyen désireux d'en savoir plus dispose donc uniquement des diverses déclarations faites par le candidat Macron, puis par les ministres du nouveau président, et du document officiel envoyé aux partenaires sociaux le 6 juin.

Il n'y a cependant pas de contradiction entre ces différents textes : si les deux journaux présentent des scénarios à la fois plus précis et plus étendus, la base reste dans tous les cas la même. Il s'agit de donner une place beaucoup plus importante aux accords d'entreprise (par rapport au Code du travail, aux accords de branche et au contrat de travail), de plafonner le montant des dommages et intérêts dus en cas de licenciement injustifié, d'autoriser l'employeur à créer des « accords » d'entreprise par référendum (sans, voire contre l'accord des syndicats) et de fusionner les institutions représentatives du personnel, le tout pour « sécuriser » les employeurs.

Le postulat qui guide l'ensemble de la réforme est bien connu. C'est celui qui a inspiré les travaux de l'Organisation de coopération et de développement économiques (OCDE) depuis les années 1980 et qui consiste à considérer que les « rigidités » à l'œuvre sur le « marché du travail » font obstacle à l'allocation naturelle des emplois – la fameuse destruction créatrice de Schumpeter –, en empêchant en particulier que ceux-ci soient supprimés suffisamment vite en cas de besoin. À la fin des années 1990, l'OCDE avait présenté un indicateur de la rigidité de la législation protectrice de l'emploi censé comparer les performances des pays en cette matière et les inciter à faire mieux, conformément au benchmarking désormais érigé en méthode de gouvernement : il faudrait copier sur les voisins qui font (ou semblent faire) mieux, c'est-à-dire faciliter à la fois les embauches en contrat à durée déterminée (CDD) et les licenciements. Ce qui aboutit à cette affirmation paradoxale : pour relancer l'emploi, il faut faciliter sa destruction.

Les travaux susceptibles d'étayer cette thèse sont pourtant rares. La dernière étude réalisée sur cent onze pays par le département de la recherche de l'Organisation internationale du travail (OIT) montre même le contraire : la déréglementation du contrat de travail entraîne une augmentation du taux de chômage et une diminution du taux d'emploi… Mais peu importe la réalité, insistent les tenants de ces thèses, ce qui compte c'est la psychologie de l'employeur, sa peur d'embaucher par crainte des rigidités. Pour dissiper ce sentiment de peur, un « choc de confiance » est nécessaire, qui doit permettre de montrer aux employeurs qu'ils n'ont plus à craindre les décisions des juges et que le droit sera désormais à la fois strictement encadré et à leur main, forgé dans leurs entreprises. Ces idées font l'objet de revendications patronales constantes depuis la fin des années 1970. Et elles ont déjà inspiré des dizaines de lois au cours des trois dernières décennies. Le projet gouvernemental consiste simplement à aller plus loin dans cette direction : un travail toujours plus flexible et un droit toujours plus près des entreprises.

Commentaire

Le risque principal de cette persévérance est de déséquilibrer toujours plus la relation asymétrique qui existe entre l'employeur et ses salariés (et que le droit du travail et les conventions collectives sont précisément chargés de corriger). Ce fut le cas lors de la mise en place du contrat nouvelles embauches (CNE), présenté par Dominique de Villepin comme l'expérimentation de la « flexicurité » en France. Ce contrat réservé aux entreprises de moins de vingt salariés permettait à l'employeur de se séparer de son salarié sans justifier d'aucun motif. Une enquête menée par le Centre d'études de l'emploi avait mis en évidence que les promesses de sécurité censées compenser ce surcroît de flexibilité (une prime de rupture et un accompagnement renforcé de Pôle emploi) n'avaient jamais été efficaces. En revanche, les relations employeur-salariés s'étaient considérablement durcies, l'employeur disposant d'un pouvoir considérablement augmenté. Plafonner les indemnités dues en cas de licenciement abusif, c'est permettre de licencier sans motif à un coût prévisible et abordable. Cela revient à autoriser le licenciement par caprice, sur un coup de tête. Certains économistes tentent de rassurer en expliquant que le licenciement doit être dédramatisé et qu'à partir du moment où les transitions sont « sécurisées », tout se passera bien. Les études sur le devenir des victimes des grandes fermetures de sites pourraient tempérer cet optimisme. Lorsqu'on sait que ces fermetures se font le plus souvent sans remboursement des aides publiques et sans dépollution des sites, on peut légitimement se demander si leur simplification et leur accélération constituent vraiment la solution.

Le paradoxe le plus vif se situe sans doute au niveau de la défense affichée du dialogue social par le gouvernement quand, au même moment, il envisage la fusion des institutions représentatives et l'essor du référendum. Il est donc question de réduire le nombre d'interlocuteurs syndicaux dans les entreprises et de permettre de contourner ceux qui subsisteront. Il est aussi prévu d'interdire les clauses des conventions de branche qui rendent ces conventions impératives. Les patrons sont d'accord pour imposer une protection commune sur toute la branche ? Cela leur sera interdit. Une convention d'entreprise doit pouvoir détruire leur œuvre.

Autre ambition : faire prédominer l'accord d'entreprise sur le contrat individuel. Un salarié ne pourrait plus refuser la réduction des avantages qu'il avait obtenus dans son contrat. Ici, c'est le respect de la parole donnée qui n'a plus de valeur aux yeux du gouvernement.

Il y a bien une logique à l'œuvre derrière ces solutions. Il s'agit de libérer les employeurs et les entreprises des contraintes situées au-dessus (la branche et même la loi) et au-dessous (les contrats). Il s'agit de les libérer des contraintes même lorsque ces « contraintes » sont en réalité le résultat du dialogue, du consensus – ce dialogue et ce consensus que l'on prétend promouvoir. Ce n'est pas le dialogue que l'on promeut, c'est le droit du travail que l'on démantèle.

21 juin 2017

Paroles

Philippe Claudel, écrivain

C'est pas aujourd'hui qui m'inquiète. Aujourd'hui, je m'en sors. Enfin, c'est pas simple quand même. Non, ce qui m'inquiète, c'est demain. Quand je serai en retraite. J'ai déjà pas grand-chose mais, à la retraite, j'aurai encore moins. Alors là. En plus avec l'âge, tous les problèmes qui arrivent, la santé, et tout. Je ne sais pas comment je ferai. Ça me fait peur. Je préfère ne pas y penser. Vous me direz, il y a tellement de malheureux dans le monde.

***

Vous croyez que j'ai le choix ?

***

Vous savez ce que ça veut dire Smic ? Salaire de Merde Imposé aux Couillons. Et moi j'en fais partie des couillons. Ça vous va comme réponse ?

***

Quand vous vous dites, voilà, je viens de faire une heure de travail. Et pas une heure facile. Une heure de travail pénible quand vous êtes dans mon secteur. Donc vous vous dites, j'ai fait une heure. Vous avez déjà mal aux épaules, ça vous lance dans les côtes. Vous commencez à le sentir ce corps, vous n'êtes plus tout jeune. Quarante-six ans, c'est plus tout jeune. Vous avez fait une heure, et qu'est-ce que vous tenez dans votre main, même pas huit euros. Quelques pièces, quoi. Quatre pièces de deux. J'ai l'impression que je retourne en enfance quand je pense à ça, quand ma grand-mère déposait des pièces dans ma paume quand j'étais allé lui faire une course. J'avais l'impression que c'était une fortune. Je courais acheter des bonbons. Mais là, aujourd'hui, après mon heure de travail, qu'est-ce que je peux acheter avec mes huit euros ?

***

De toute façon, vous trouverez toujours des gens qui ne sont pas contents. Vous en connaissez, vous, des gens qui diront qu'ils sont assez payés ? Moi pas. Tout le monde veut toujours plus. Même ceux qui roulent sur l'or. Surtout ceux-là d'ailleurs. On se demande ce qu'ils en font de leur fric. Peut-être qu'ils le bouffent. Il faudrait analyser leur merde pour savoir. En ce qui me concerne, je fais avec. Je suis déjà bien contente d'avoir ça. Je compte. À l'école j'étais nulle en calcul. Maintenant je suis une championne. Bien obligée. J'en passe du temps à faire des additions, des soustractions. Des soirées entières des fois. Ça m'angoisse et ça me calme à la fois. C'est bizarre. Je suis toute contente quand à la fin de mes comptes je vois que ça va aller. Je suis pas exigeante : ce qui serait bien, ce serait disons deux cents euros de plus par mois. Deux cents euros, c'est pas la lune, mais pour moi ce serait le Pérou.

***

Je n'ai pas envie de vous répondre.

***

Je ne sais pas qui décide du Smic. Sans doute pas des gens qui sont payés au Smic. Ça doit être des types dans un bureau à Paris, qui se mettent autour d'une table et qui disent : « 6 euros 32, c'est vraiment trop peu, mais 9 euros 87, là, c'est beaucoup trop, beaucoup beaucoup trop. » Alors il y en a un autre qui lance : « Et 8 euros 04, ou 03, qu'est-ce que vous en pensez ? » Là tous ils le regardent. Il y en a un qui dit qu'avec ça ils vont dans la bonne direction. Ils parlotent encore pendant des heures et puis finalement ils se mettent d'accord sur 7 euros 52. Ils sont tous contents. Ils se congratulent. « On y est arrivé ! 7 euros 52, c'est formidable ! Allons déjeuner maintenant ! » Et ils vont dans un restau dans lequel avec 7 euros 52, tu n'as même pas une demi-entrée. Je vois ça comme ça. J'aime bien me faire des films.

***

La vraie question, c'est pas « Est-ce qu'on peut vivre avec le Smic ? », c'est pourquoi ça pète pas. Pourquoi tous ceux qui ne peuvent pas joindre les deux bouts ne sortent pas dans la rue pour tout casser ?

***

Je vais vous dire une chose. C'est pas tout à fait une réponse à votre question, mais quand même : la France qui se lève tôt, c'est aussi celle qui meurt tôt. Au final, elle coûte très peu cher cette France-là, en salaire et en retraite. Vous m'avez compris ?

***

Quelquefois, quand j'ai tout payé, il me reste 50 ou 60 euros. Je les mets de côté. Pas cette année parce que je n'ai pas encore assez, mais l'an prochain si ça va, ça pourra faire une semaine de vacances. Je n'ai jamais vu l'océan. J'aimerais bien.

***

C'est pas un salaire. C'est un kit complet : muselière et chaîne. C'est pas assez pour vivre, mais c'est trop pour se révolter. Les mecs dans le temps, dans les révolutions, ils n'avaient rien à perdre : soit ils crevaient sur les barricades, soit ils crevaient de faim dans la rue. C'était du pareil au même. Alors ils y allaient et au moins ils se défoulaient. Aujourd'hui, chacun a quelque chose à perdre, même si c'est pas grand-chose. Et puis quand tu as le Smic, c'est que t'as du taf. Beaucoup n'en ont pas. Et si t'as le Smic, tu passes pour un Bill Gates pour un mec qui a le RSA, et celui qui touche le RSA il est regardé comme un privilégié par celui qui est à la rue. Donc, ce qui ne se dit pas mais qu'on entend c'est : quand vous avez la chance d'avoir 1 200 euros par mois, qu'est-ce que vous nous faites chier à pleurnicher que c'est pas assez ? Vous devriez au contraire remercier, courber bien le dos, écarter encore plus les fesses pour vous faire bien enculer par ceux qui profitent de vous. Voilà comment ça marche.

***

Et vous, vous pourriez ? Vous ne voulez pas essayer, pour voir comment ça fait ? Non ? Alors arrêtez de nous emmerder et de nous regarder comme des bêtes curieuses !

***

Je fonctionne comme les vieux. J'avais vu ma logeuse faire ça. Je me moquais d'elle à l'époque. Elle se faisait des enveloppes qui correspondaient à ses dépenses. Elle répartissait sa petite pension en liquide dedans. Chaque mois. Je fais pareil. Je retire tout à la banque quand le salaire est viré. Je mets les billets dans les enveloppes, « nourriture », « transports », « loyer », « vêtements », etc. Comme ça, je vois. Je vois que ça file. Et quand il n'y a plus rien, il n'y a plus rien. C'est ça la réalité.

***

Bien sûr qu'on peut vivre. Mais tout dépend ce que vous appelez vivre.

***

Vous imaginez combien de pains au chocolat version Jean-François Copé ça fait un Smic ? Plus de huit mille ! C'est pas le bonheur ça ? Ah on peut s'en faire péter la panse ! Bon, d'un autre côté, avec un Smic on a juste les moyens d'acheter une jambe de pantalon d'un costume offert à Fillon, ou une petite séance de maquillage façon Macron, ou encore à peine deux heures en business class à côté de Mélenchon, qui se vante de ne voyager que comme ça, avant qu'on vous jette de l'avion. Alors c'est sûr, vu comme ça, ça calme !

***

J'ai toujours une drôle d'impression. Au début du mois, c'est comme si je marchais sur du plat. Tout va bien, mais à mesure que les jours passent, le sol se met en pente. Ça monte. Après le 15, je commence à avoir du mal à avancer. Après le 20, c'est de plus en plus raide. Et vers le 25, 26, je m'agrippe. C'est devenu une paroi. Je m'accroche comme les gens qui font de la montagne. J'ai peur de tomber. Je sens que je vais tomber, m'écraser tout en bas. Et puis le 30 ou le 31 arrive. La paie est virée. Tout redevient plat. Je souffle. Et c'est reparti. Ça recommence. Ça fait des années que ça dure. Il me reste encore des années. Avec la même chose. La même angoisse. J'en ai parlé un jour à mon médecin.

***

Elle est indécente, votre question.

13 septembre 2017

« Si vous êtes embauché au Smic, vous passerez votre vie au Smic »

Daniel Cohen, économiste

Quelles réflexions ont conduit à la création d'un salaire minimum en 1950?

C'est une idée concomitante avec la fin du libéralisme des années 1930. À cette époque, on estimait que le chômage s'aggravait car les salaires étaient trop élevés par rapport à ce que les entreprises pouvaient payer, et qu'il fallait donc les baisser pour retrouver le plein-emploi. Keynes a fait voler en éclats cette vision. Il a montré que les salaires n'étaient pas responsables du chômage.

La crise était liée à une insuffisance de la demande. La solution n'était surtout pas de baisser les salaires. La mise en place d'un salaire minimum illustre la sortie de l'approche libérale de l'économie. Au départ, il s'agissait du Smig, c'est-à-dire d'un salaire minimum garanti, un filet de sécurité. Notons qu'il n'a pas fait partie ensuite de la politique des Trente Glorieuses. En 1968, on a observé une grande discordance entre l'augmentation générale des salaires et le niveau du Smig, qui n'avait pas bougé. D'où l'idée de Chaban-Delmas et de Delors, dans le cadre de la Nouvelle Société, d'indexer le salaire minimum sur la croissance pour ne plus voir se créer une déconnexion.

Ainsi est né le Smic, qui est devenu un instrument à part entière de la politique des revenus en France, au-delà du seul souci de sécurité des salariés.

Le Smig initial correspondait aux dépenses d'une personne célibataire en 1950. Cette approche reste-t-elle pertinente?

Le minimum social fixé à cette époque n'a pas été revalorisé à proportion de la croissance. La croissance a été très rapide et il n'y avait pas de chômage. Le Smig a donc cessé d'être une préoccupation. Le raisonnement était le suivant: on a pu penser qu'il existait des besoins incompressibles de la personne, qui se définissent dans l'absolu – se nourrir, se loger –, correspondant à un salaire minimum garanti. Dans cette optique, si la croissance était plus forte, on ne considérait pas pour autant que les besoins allaient nécessairement augmenter. Je vois là une double illusion, économique et anthropologique. Économique d'abord: de façon mécanique, le pouvoir d'achat dépend de ce que font les autres. Pour se loger, il faut que le revenu minimum soit indexé sur les loyers. Or les loyers sont indexés sur ce que les autres peuvent payer, donc sur la croissance. D'un point de vue anthropologique, la notion de pauvreté est toujours relative. Le Prix Nobel Amartya Sen l'a bien montré. Ne pas pouvoir se payer une télé quand tout le monde en a une, c'est souffrir d'une exclusion sociale insupportable. Le panier de biens minimum qui permet d'exister dans une société dépend de ce que les autres peuvent s'offrir. Une télé n'est pas un luxe et, aujourd'hui, l'accès à Internet n'est pas un luxe. C'est comme boire et manger. Sans accès à Internet, on est exclu du monde des autres. Il faudrait qu'il figure dans le panier de biens minimal.

Pourrait-on calculer un Smic optimal?

Ce débat s'est dédoublé pendant la dernière campagne présidentielle entre salaire minimum et revenu d'existence. Il faut les distinguer. Ce n'est pas la même chose de définir la productivité du dernier employé embauché qui permet de contribuer au monde du travail et de définir quel niveau de revenu permet à cette même personne d'exister. Il peut y avoir un hiatus entre les deux notions. Si le salaire minimum que touche un individu pour son travail est inférieur au revenu minimum qui lui permet de vivre, l'État va payer la différence entre les deux. À l'origine, on ne faisait pas cette dissociation. On supposait que le salaire était supérieur au revenu d'existence. Avec la crise, il est possible que ces deux types de revenus se soient rapprochés. L'articulation est mal faite entre le Smic et le socle de prestations relevant d'un revenu d'existence – qu'on peut évaluer à 800 euros en France, comme le minimum vieillesse. Il faudrait élargir l'éligibilité à ce socle.

Compte tenu des disparités territoriales du coût de la vie en France, a-t-on eu tort de supprimer la régionalisation du Smic ?

Il me semble impossible de renoncer à l'idée que, dans notre République, les provinces forment un tout insécable. Mais la question se pose indiscutablement. Le pouvoir d'achat d'un smicard à Paris n'est pas celui d'un smicard dans la Creuse. Il faudrait réfléchir à la meilleure articulation entre le Smic et le complément de richesse nécessaire pour vivre, dans le cadre d'un revenu de base qui serait indexé au véritable coût de la vie en région.

Le Smic est-il un instrument efficace pour lutter contre la pauvreté ?

Une observation préalable : à l'heure où les inégalités se creusent, on voit le Smic être partout revalorisé. Les Allemands l'ont adopté à reculons, mais ils en sont aujourd'hui satisfaits. Comme les Anglais qui y sont venus tard et l'ont fortement augmenté. Le Smic permet en effet une politique de redistribution efficace, et à moindre coût pour l'État. On s'assure que les emplois offrent un certain niveau de rémunération, même s'il reste un équilibre à trouver pour ne pas pénaliser les plus éloignés du marché de l'emploi.

Je suis donc favorable au Smic comme instrument : c'est un moyen de lutter contre la paupérisation du travail en obligeant les entreprises à faire des efforts de productivité, pour s'assurer qu'à ce niveau de rémunération on peut offrir à la fois des conditions de travail et de vie décentes. Cela dit, le débat existe entre les économistes. Certains défendent l'idée que le travail ne peut pas devenir trop bon marché. Les néoclassiques pensent au contraire qu'il faut fixer les salaires le plus bas possible. Si on les écoutait, rien ne devrait empêcher les salaires de baisser, disons jusqu'à 600 euros, pour embaucher tout le monde…

Mais la réalité est que bien des gens ne touchent pas le Smic, car ce sont des smicards horaires qui ne font pas un temps plein. C'est le cas des caissières de la grande distribution, de beaucoup d'employés de restauration et de services à la personne. On vous paye deux heures le matin et deux heures le soir, mais ne demandez pas la journée complète ! C'est le grand scandale du Smic en France. La société contourne ou cède à la tentation du contournement. Autre problème, énoncé par le grand économiste Edmond Malinvaud : le Smic fait tomber les gens dans une trappe de pauvreté. Si vous êtes embauché au Smic, vous passerez toute votre vie au Smic. Cette situation est due à l'exonération de charges de l'employeur qui recrute à ce niveau. S'il vous augmente, il verra réapparaître de lourdes charges. Quand un salarié passe du Smic à 1 300 euros, l'employeur devra payer un salaire chargé de 2 600 euros. Il y a là une contradiction. L'exonération des charges pour le Smic vous assigne à ce revenu pour longtemps. Le salarié est privé d'une progression de salaire.

Faudrait-il instaurer un Smic jeune ? On se souvient des manifestations de mars 1994 : « Balladur, t'es foutu, les jeunes sont dans la rue »…

Tout ce qui ressemble à de la discrimination ne fonctionne pas en France. La question qui se pose davantage concerne le lien entre un Smic général et un revenu d'existence qui permettrait de corriger le tir.

Peut-on dire que le Smic est responsable du chômage ?

Le débat fait rage entre les économistes. Une étude célèbre de David Card et Alan Krueger, à la fin des années 1990, a montré que le niveau d'emploi avait en fait augmenté quand le salaire minimum s'était accru ! Pour les néoclassiques, ce résultat était incompréhensible… Selon ce courant de pensée incarné par Milton Friedman et Gary Becker, le Smic est soit inutile, soit responsable du chômage… Si le marché est à l'équilibre au-dessous du Smic, on crée du chômage en le rehaussant. Si l'équilibre est au-dessus, le Smic est inutile. Ils ne peuvent sortir de ce raisonnement. Pourtant, c'est possible. Pour ceux qui n'ont pas de pouvoir de négociation, être adossés à une garantie de l'État est une protection, sans que cette situation dissuade d'embaucher. Les pays où la syndicalisation est la plus forte n'ont pas de salaire minimum. C'est le cas chez les Scandinaves, où dans chaque branche les syndicats fixent « à l'œil nu » le minimum compatible avec le plein-emploi. Nous, nous avons besoin de l'État et des juges qui se substituent aux syndicats là où ils sont faibles.

13 septembre 2017

Propos recueillis par Éric Fottorino

Chacun doit pouvoir progresser

Jean Viard, sociologue

Dès qu'il est question de pauvreté, on a d'abord affaire à des femmes et des jeunes. « Produits d'entrée de gamme », pourrait-on dire si on était dans une concession automobile. Un salarié sur dix. 1,6 million de travailleurs du privé, plutôt petites entreprises que grands groupes. Femmes, donc temps partiel pour 43 % d'entre eux, employés plus qu'ouvriers non qualifiés. Peu diplômés, bien sûr. Commerce, restauration, hôtellerie avant tout. La part des immigrés doit être importante mais je n'ai pas le droit de vous la communiquer. À calculer en valeur nette pour être honnête, avec la prime d'activité pour certains, les APL, les HLM, voire à intégrer dans un revenu plus large du ménage.

Est-ce la misère ? Non, ce n'est pas la misère, du moins pas pour tous. Un jeune qui démarre peut vivre avec 1 000 euros. Une femme en couple qui travaille vingt-quatre heures par semaine pour 780 euros net dans un ménage de quatre personnes n'est pas dans la misère. Surtout à la campagne ou dans une petite ville du centre. Mais une salariée parisienne dans une famille monoparentale, c'est limite ; un père de famille avec une compagne inactive et trois enfants, impossible.

La diversité des situations nous dit bien qu'il faut faire la différence entre salaire de base et revenu. Le salaire de base vise à améliorer l'emploi sur un marché pour les tâches les plus simples. L'équilibre du revenu familial est un devoir de la solidarité. L'un relève du marché, l'autre de l'État. On peut bloquer le Smic français pour peu à peu l'amener à un niveau européen et revendiquer dans le même temps la concentration des revenus de solidarité sur les plus fragiles et donc les augmenter. N'oublions pas cependant que le Smic est la base de calcul de l'échelle des salaires.

13 septembre 2017

DOSSIER

Établi par Éric Fottorino et Manon Paulic

DÉFINITIONS DU MOT « TRAVAIL »

L'Encyclopédie de Diderot et d'Alembert (1751)

Occupation journalière à laquelle l'homme est condamné par son besoin, et à laquelle il doit en même temps sa santé, sa subsistance, sa sérénité, son bon sens et sa vertu peut-être.

Le Petit Robert (2011)

(Sens développé au XIXe.) Activité laborieuse professionnelle et rétribuée – emploi, fonction, gagne-pain, métier, profession, spécialité ; FAM. boulot, job. POP. Turbin.

1er mai, journée internationale des travailleurs

Le 1er mai 1886, À Chicago, les syndicats ouvriers lancent un vaste mouvement de grève en faveur de la journée de huit heures dont bénéficient les employés fédéraux depuis 1868. Les affrontements font plusieurs morts. Cet événement est à l'origine de la Fête du travail.

QUELQUES DONNÉES

Population active : ensemble formé par les personnes bénéficiant d'un emploi et les chômeurs. La France compte 28,4 millions d'actifs.

Chômeur : selon le Bureau international du travail (BIT), un chômeur est une personne de plus de quinze ans, sans emploi, disponible pour prendre un travail dans les quinze jours et ayant effectué des recherches au cours du mois précédent.

Taux de chômage au sens du BIT : 10,3 % de la population active pour le dernier trimestre 2015.

Demandeur d'emploi : personne inscrite à Pôle emploi. Il y a actuellement 3,5 millions d'inscrits dans la catégorie A (c'est-à-dire sans emploi et tenus d'en rechercher un).

Chômeur de longue durée : actif au chômage depuis plus d'un an (44 % des chômeurs selon les chiffres de Pôle emploi).

Marché caché : désigne tous les emplois qui ne font pas l'objet d'annonces ou qui ne passent pas par les agences de placement. Des entreprises préfèrent parfois recruter parmi les relations de leur société ou de leurs salariés.

FRISE CHRONOLOGIQUE

Antiquité – Moyen Âge

Le grec ne connaît pas de terme correspondant à celui de « travail ».

Jean-Pierre Vernant, *Mythe et Pensée chez les Grecs*, 1965

Dans la Grèce antique, le travail est dénué de valeur. Sont considérés les arts, la philosophie, l'astronomie, et l'activité politique qui crée le lien social. Le travail qui consiste à assouvir des besoins primaires est une tâche dégradante réservée aux esclaves, simples « outils animés » selon Aristote. Travailler est méprisable : c'est s'abaisser aux contingences de la condition humaine. Il faut s'en libérer pour se consacrer aux tâches nobles. Le travail n'a pas davantage de valeur à Rome. « Quiconque donne son travail pour de l'argent se vend lui-même et se met au rang des esclaves », écrit Cicéron.

C'est à la sueur de ton visage que tu mangeras du pain, jusqu'à ce que tu retournes dans la terre d'où tu as été pris.

À partir de cette sentence extraite de la Genèse, l'Église justifiera l'évolution de sa doctrine sur le travail. D'abord sanction du péché originel : le travail associé à la souffrance et à la pénibilité, puis le travail comme moyen de se racheter. Au fil des siècles, le travail apparaîtra comme une nécessité et prendra une valeur éthique et morale. L'homme, par son travail, poursuit l'œuvre créatrice de Dieu. Saint Augustin défend la dignité du travail. Saint Thomas d'Aquin y voit quatre finalités : assurer la subsistance, supprimer l'oisiveté, refréner les mauvais désirs, faire l'aumône. Le mouvement de la Réforme placera le travail au centre de la vie humaine.

Époque moderne

Le travail éloigne de nous trois grands maux : l'ennui, le besoin et le vice.

Voltaire, *Candide*, 1759

C'est vers le XVe siècle qu'apparaît le mot travail. De l'Empire romain jusqu'à la fin du Moyen Âge, « la représentation de ce que nous appellerons plus tard le travail n'a pas connu de bouleversement majeur », analyse Dominique Méda dans *L'Avenir du travail*. « Tant que les représentations philosophiques et religieuses sont restées ce qu'elles furent jusqu'au XVIe siècle ; le travail ne pouvait pas être valorisé. » Avec l'« invention du travail », écrit-elle, celui-ci sera défini « comme un facteur de production ; l'essence de l'homme et enfin le pivot du système de distribution des revenus, des droits et des protections ».

Première Révolution industrielle

Ce n'est pas de la bienveillance du boucher, du marchand de bière ou du boulanger que nous attendons notre dîner, mais bien du soin qu'ils apportent à leurs intérêts.

Adam Smith, *Recherches sur la nature et les causes de la richesse des nations*, 1776

Pour le professeur de morale à l'université de Glasgow, le travail est la source de la valeur, de la production nationale et de l'ordre social. La « main invisible » rapproche les égoïsmes individuels de l'intérêt général. L'échange rend nécessaire la division du travail qu'il est le premier à théoriser mais dont Platon avait eu l'intuition dans cette observation : « On fait plus et mieux et plus aisément lorsque chacun ne fait qu'une chose, celle à laquelle il est propre. » Adam Smith appuie sa démonstration sur les dix-huit étapes nécessaires à la fabrication d'une épingle.

Deuxième Révolution industrielle

De Hegel à Marx

Hegel voit dans le travail une liberté créatrice qui permet à l'esclave de prendre l'ascendant sur le maître. Il reconnaît que le travail est pour l'homme le moyen de se révéler à lui-même, de se distinguer de la nature qu'il transforme, de forger son identité. Mais si Hegel alimente le mythe du travail qui épanouit et libère, Marx dénonce au contraire l'aliénation du travailleur par le capitaliste. Instrumentalisé, l'ouvrier devient, selon le philosophe allemand, étranger au fruit de son travail. Le prolétaire, simple accessoire de la machine, est exploité par le capitaliste à qui revient la plus-value.

Un homme qui ne dispose d'aucun loisir, dont la vie tout entière, en dehors des simples interruptions purement physiques pour le sommeil, les repas, etc., est accaparée par son travail pour le capitaliste, est moins qu'une bête de somme. C'est une simple machine à produire la richesse pour autrui, écrasée physiquement et abrutie intellectuellement. Et pourtant, toute l'histoire moderne montre que le capital, si on n'y met pas obstacle, travaille sans égard ni pitié à abaisser toute la classe ouvrière à ce niveau d'extrême dégradation.

Karl Marx, *Salaire, prix et profit*, 1867

L'essor du taylorisme

L'une des premières caractéristiques d'un homme qui est capable de faire le métier de manutentionnaire de gueuses de fonte est qu'il est si peu intelligent et si flegmatique qu'on peut le comparer, en ce qui concerne son attitude mentale, plutôt à un bœuf qu'à toute autre chose. L'homme qui a un esprit vif et intelligent est, pour cette raison même, inapte à exercer ce métier en raison de la terrible monotonie d'une tâche de ce genre.

F.W. Taylor, *The Principles of Scientific Management*, 1911

Pionnier du management scientifique du travail, l'Américain Taylor a rationalisé la division du labeur en des tâches élémentaires, simples et répétitives, de façon à accroître la vitesse et l'efficacité d'exécution avec une moindre fatigue. Le taylorisme est à l'origine du travail à la chaîne.

L'ère du fordisme

À partir de 1907, l'industriel américain Henry Ford (1863-1947) met en place une organisation scientifique du travail dans ses usines de Detroit, pour la production de la Ford T noire. Le fordisme repose sur trois principes : la standardisation des pièces produites en grande série, le travail parcellisé sur les chaînes de montage, la revalorisation des salaires pour permettre aux ouvriers de s'acheter un des véhicules qu'ils produisent. La combinaison des gains de productivité et de l'augmentation du pouvoir d'achat a ouvert la voie à la consommation de masse. Comme le taylorisme, le fordisme contribue à la perte de qualification du travail ouvrier devenu monotone et pauvre en autonomie.

Troisième Révolution industrielle

La propagande du stakhanovisme

Dans la nuit du 30 au 31 août 1935, le mineur Alekseï Stakhanov aurait établi un record de production en extrayant cent deux tonnes de charbon en six heures, soit quatorze fois plus que le quota en vigueur. Staline met en avant cet exploit pour encourager les ouvriers à intensifier les cadences afin de rattraper le niveau de vie de l'Occident capitaliste frappé par la crise. Cette campagne de propagande visait aussi à prouver l'adhésion de la classe ouvrière au stalinisme.

Le travail en miettes

En 1956, le sociologue français Georges Friedmann publie *Le Travail en miettes*. Il y étudie l'impact du progrès technique, montrant les effets pervers du travail à la chaîne. En 1963, dans l'avant-propos à la troisième édition de son livre *Où va le travail humain?*, il écrit: «Je regrette que les volumes présentés en librairie ne soient plus désormais – du moins du genre de celui-ci – assortis d'une bande publicitaire: j'aurais suggéré à mon éditeur d'y faire suivre le titre *Où va le travail humain?* de la réponse… à sa perte» (cité par Dominique Méda dans *L'Avenir du travail*).

La montée du salariat

Il a fallu des siècles de sacrifices, de souffrances et d'exercice continu de la contrainte pour fixer le travailleur à la tâche, puis pour l'y maintenir en lui associant un large éventail de protections qui définissent un statut constitutif de l'identité sociale.

Robert Castel, *Les Métamorphoses de la question sociale*, 1995

En France, 90 % de la population active est salariée. On dénombrait fin 2013 22,8 millions de salariés et 3 millions de travailleurs indépendants. En 2008 a été créé le statut d'autoentrepreneur. Plus de 900 000 personnes sont affiliées à ce régime.

Une très faible syndicalisation

Avec moins de 8 % d'adhérents, la France enregistre le taux de syndiqués le plus faible de tous les pays de l'OCDE, la Turquie exceptée. Cette situation tient principalement à la division du front syndical (cinq confédérations) et au sentiment des salariés que les syndicats ne prennent pas assez en compte leurs problèmes.

À lire aussi

La Fin du travail (La Découverte, 1997), et *La Nouvelle Société du coût marginal zéro* (LLL, 2014), Jeremy Rifkin.

Réinventer le travail, Dominique Méda et Patricia Vendramin, PUF, 2013.

Le Travail peut-il devenir soutenable? Yves Clot et Michel Gollac, Armand Colin, 2014.

Table

Cet ouvrage a été achevé d'imprimer en décembre 2017
dans les ateliers de Normandie Roto Impression s.a.s.,
61250 Lonrai.

N° d'imprimeur : 1705427
Dépôt légal : janvier 2018
ISBN : 978-2-84876-630-0
Imprimé en France